JN438333

다빈치 구두를 신다

다빈치 구두를 신다

박진한 시집

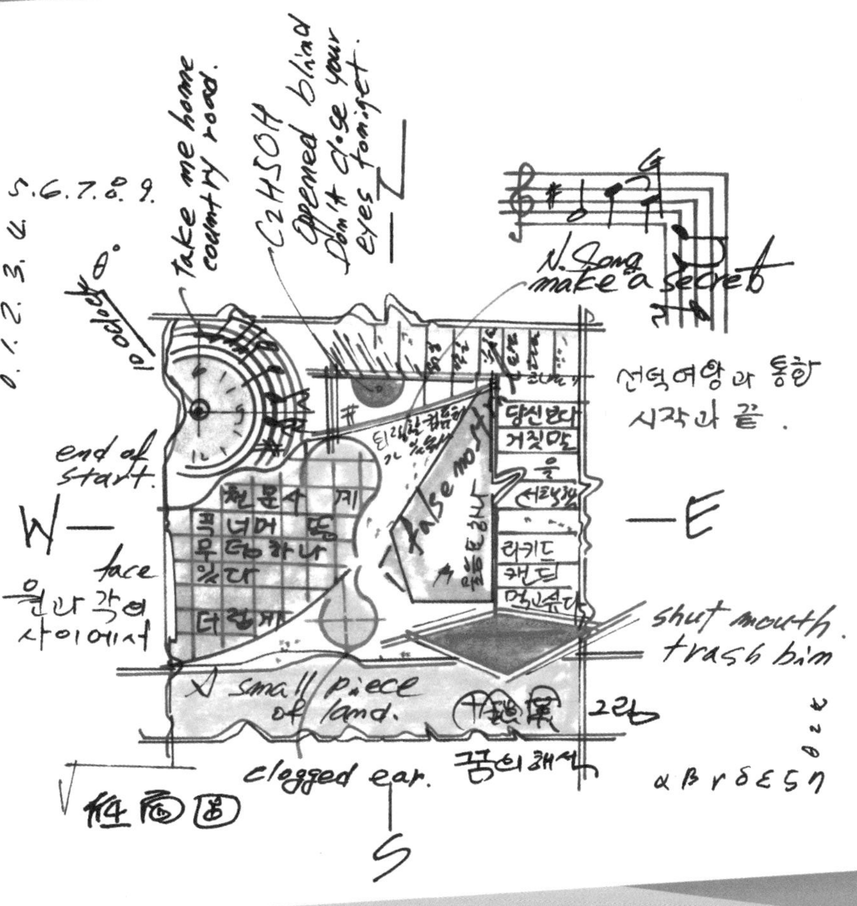

도서출판 천우

시인의 말

詩를 써온 지가 좀 되었다. 이 특별한 세상엔 시집의 권수를 자질로 평가해 버려 웃을 수도 없고 울 수도 없는 준비 안 된 놈 같은 텁텁한 느낌에, 쓰는 순간의 짜릿함을 넘어 어쩜 필요성을 떠나 꿀꿀한 기분이라도 덜어내어야겠다는 이 감정의 요동.

아마도 나는 양가감정을 가진 환자인지도 모른다. 마치 무엇인가에 홀려 써내려가다 정반대 방향으로 틀어버리는 반항심의 표출들이 스스로 모더니즘의 실험 시라 여기며 모아 보았다.

에고 속 콤플렉스에 중심 잡기로 가득찬 이 허상들을 내가 나를 모르기에 독자들의 개똥보다 더한 욕으로 치료받고 싶다.

비난의 메스로 가슴 속 황색 고름을 도려내고 폭삭 내려앉은 젊음으로 채우고 싶다.

2016. 이른 봄

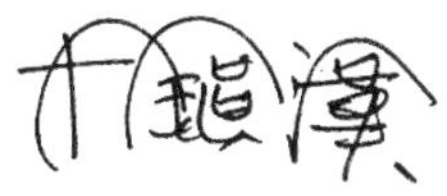

제 1 부

새장에 갇히다

제2부

리키르 캔디가 먹고 싶다

제3부

다빈치 구두를 신다

제4부

날개의 시간

제5부

한 송이 我蘇花

제6부

음으로의 여행

제1부

새장에 갇히다

線과 줄

탯줄에서부터
끊어지는 법을 배웠다
線은 언제나 냉정했고 차가웠다
그러나 한사코 이어져 살길 꿈꾸었다
線을 넘으면
까마득히 줄들이 서 있다
그럭저럭 線으로 살다 보니
믿음직한 面을 만났고
끌며 당기며
줄에 감겨 살다 보니
바람 재우는 空間이 되었다

배 속에서부터
암흑 같은 세상의 끝을 읽었다
線과 줄은 생성과 소멸
線이 목을 죄면 줄은 끊어진다
線과 줄은 흐르는 시간이다
온갖 質料들이 線을 따라 걷는다

線과 줄은 닮은 듯 다른 한 몸이다

거미는 사기꾼입니다

거미는 곤충이 아닙니다
사기꾼입니다
변태도 없이
걸려들기만을 기다립니다
허물이 없는 것은 곤충이 아닙니다
허물 한 점 없는 것은 사람도 아닙니다

이상한 세상엔 속임수만 기다립니다
기다린다는 것은 사기술의 대표 언어입니다
오면 좋고
오지 않아도 변명할 수 있습니다
불행하게도 술수의 매개물이 옵니다
유혹으로 오는 비가 있습니다
제비가 낮게 날아다닙니다
곤충을 낚아채려고
인간을 잡아먹으려고

제비는 거미를 잡지 않습니다
걸려들면 뼈만 남는다는 것을 잘 압니다
긴가민가 묘심으로 흔드는 고양이보다
제비가 무섭습니다 몸과 錢을 쪼아대기에

요즈음 길목과 문지방 아래로 들락거리는
정치거미는 더욱 무섭습니다 뼈만 추리기에

세상엔 온통 줄과 줄뿐입니다
누구는
이 무게 잃은 외줄조차 없습니다
마구 떨립니다
떨리다 걸려들까 봐 진동으로 떨립니다

별찌*

천문사 계곡 너머 똥무덤 하나 있다

도시의 뒷골목 불황을 몰랐다
하얀 쥐새끼들이 우글거리는 곳에서
쓰레기로 태어났지만 스타였다

하늘낙타를 타고 밤거리는
밤새도록 광란했다
은하살롱에서 사이키조명을 마셨다
돈이 바닥나 세상을 알 때쯤
유혹은 출신을 내버려 두지 않았다
키스를 하려는 순간 마지막이었다

무거웠으나 깃털로 마감했다
별로 살았으나 찌꺼기였다
똥으로 죽었으나 별이었다

* 별찌 : '별똥별'의 북한어이며 청도에 있는 펜션 이름.

시작과 끝

이쪽이 있기에 저쪽이 있다

生
시작은 분명 있다
모두가 지나왔고 또 지나가지만
아무도 보지 못했다
누구도 만나지 못했다
출발은 신령들이 믿는 神이다

死
누가 끝을 아는가 경험했는가
끝이 시작이다
무분별의 종교는 왜 군림할까
개도 두려움을 알고 소도 도살장을 안다
거짓말도 에너지는 분명 있다
끝은 찰나 위에 영원히 잠든 낮잠이다

오늘 큰 사고가 날 뻔했다
시작과 끝이 있었으나 없다
둘은 결국 하나다

칼, 여백을 위하여

정지하면 잘 보이는 것들이 있다
나는 달리고 달리며 살았지만
죽은 그림을 그리고 있었다
주체 못할 욕심
연약한 바람에도 팔랑거리는 귀
한길에서 부러진 연필
깨어질 꿈도 선명하게 그렸다
그러다
한계는 저 너머 바깥 줄에 서 있다

심심하면 받는 속도위반 통지서
육만 원이면 이것도 저것도 다 할 수 있는데
아니
주유 한 번 더 넣었다 생각하면
젊어지는 것을
하늘보다 더 맑은, 가을 차창을 연다
은행 열매가 구린내 사방을 진동한다
錢은 하나가 셋을 탐하는 것
결국엔 필요 없는 것
마지막 남은 건 여백 하나
칙칙한 마음 베어 낼 칼자루가 절실하다

시작은 파괴다

깨어짐이 끝인가 시작인가
파괴는 본질적으로 부정이다
접시도, 사랑도, 인간도
갈등은 끝내 조각일 뿐이며
지극히 혼자 몸이다
분열은 덩어리에서 새로 태어난 것이다
새로움은 원초적으로 발버둥이다
그 자리에 서 있어도 늘 바깥인 몸부림이다
갈라짐은 엄연한 잉태이며 생성이다
안경도, 철길도, 이별도
둘이기에 하나인 시작들이다
모든 것들의 처음은 알이다
그리고 알의 파괴로부터 세상은 태어난다
핵보다 더 강렬한 알은
이분법으로 자를 만큼 단순하진 않다
덩어리와 조각은 다른 한 몸이다
알쏭한 자책들이며 달쏭한 다짐의 몸통들이다
끝이 있는 사람에게 출발은 오고
내일이 있는 사람에게 또 다른 오늘은 시작된다
시작은 또 다른 파괴
파괴는 또 다른 시작

신발 한 짝 걷고 싶습니다

선잠이 꿈을 깨뜨렸습니다
농로를 지나 툭 날던 신발 한 짝
천당으로 갔습니다
한땐 혼자 히죽 웃으며
하늘을 마음껏 걸어 다녔습니다

하늘구두를 구하려 그냥 쌓았습니다
구름 타고 다람쥐 체를 돌고 돌며
도토리를 모았습니다
내 것이 없으면 주검이었기에
이 복잡한 도시 숲에서
오직 웅크리고만 있었습니다

겨우 허기 채우던 날 福 자가 뒤집혔습니다
손 떠난 자리는 천정부지가 되고
그 끝으로 감정 밑바닥 보았습니다
올 것이 순서를 잃고 왔습니다
큰돈마저 떼이고 말았습니다
가슴을 비참으로 도려냅니다

마침내는 짜증이 지루함을 후려치자
앞이 콱 막히고 말았습니다

주머니 속 또 다른 나는 벨소리 급합니다
시간은 숱한 자국만을 남기고
힘은 낡아만 갔습니다
주름살 험한 산골 막다른 곳에서야
冷雪이 추워 넘어진 줄 알았습니다

때 묻은 신발 한 짝 끈질기게 일어섭니다만
함께한 누런 동전 한 닢도 차갑게 지치고
濕雪이 시절로 무겁게 얼어붙었습니다
마냥 길을 걷고 싶습니다

방전

잠시 빗나간 회로 하나
고열 몸살로 혼돈상태다
하루 천 번 가을을 보내고 받은 회신
끝내 휴대폰은 속내를 터뜨린다
뒤범벅되어버린 문자들
내일을 잃고 쓰러진 언어들
약속들은 이리저리 뒹군다
끝을 알리는 깜빡거림
세상은 문득 고요해진다

전기메스에 스위치를 켠다
깨어나지나 말지
퍼렇게 질린 혼으로 남게
주저앉은 가슴에 다시 선들이 엉킨다

너와 나
끈은 처음부터 없었다
끌림만을 눈으로 확인하며
또 눈에서 보이지 않은 채
달아날 원심력을 잡은 그 질긴 연이
타들어 가는 폭탄빛으로 오는 사람
다시 살아난다

새장에 갇히다

적석산 끝자락에
새 한 마리 죽어간다

깃털을 뽑아 키운 새끼 몇
가난이 싫어 서울로 날았으나
두절이라는 게 유일한 소식이고
홀로 남은 막내는
늙은 밭에서 하루를 쪼다가
막걸리 사발로 함께 무너진다

잊었다 잊혔다 선뜻 떠오르는 아비는
목각새가 된 지 오래인데
그 곁에 울다 뽑힌 식어가는 깃털로
오늘도 쑤셔오는 창살둥지를 만든다

날개 잃은
치매새 한 마리 둥지만 높아간다

疋女*

저 아래 길바닥
허름한 의자로 태어났다
제 것처럼 앉았다가
낌새도 없이 떠나갔다
혼자 있을 때가 제일 편했다

외로움은 사치품이 되었고
파트타임은 본업이 되었다
몸뚱이만으로 살아왔고
몸뚱이로 또 하루가 늙어간다

어쩌다 물려받은 단 하나
어머니 같은 재량으로
품안 온도만 마구 흔들었다
그리고 기척 없음에
이 시대의 마지막 천민에겐
침묵이 가장 어울릴 뿐이었다

*疋女 : 필녀(아래 下 + 사람 人). 아주 천한 여성으로 지은 이름.

끝을 넘어

— 요양병원에서

쥐 죽는 것을 보았는가
끈끈이 덫에서 허우적대며
찍찍 뱉어내는 변음의 시간
새끼들의 혼돈이 길을 잃는다

사람 하나 사물로 누웠다
차라리 차라리 발버둥도 버렸다
아니, 잘린 고음이라도 토하련만
동사가 이미 묶여버렸다
마지막조차 가둬버린 사각 링
이젠 더 이상 둥근 땅은 없다
사방엔 공포스런 쥐소리뿐

어미 아비는 쥐도 새도 모르게 쥐가 되고
자식에게 되풀이되는 감금
우리, 인간은 확실한가
그 어디에도 없다는 곳은
이토록 처절한 끝을 넘어야만 있는가

손주에게 들려줄 이야기

아득했던 그 날
윗목 화롯불마저 지겨워 잠이 들도록
들어서 또 듣고 싶은 구전 이야기가 있었다

포근히도 추운 겨울에
줄줄 읽고 또 읽어서
언젠가 손주에게 들려주고 싶은 이야기가 있다

태초에 혼돈이 생기고 땅과 사랑이 생겼단다

혼돈은 혼자서 밤과 어둠을 낳고
밤과 어둠은 다시 낮과 창공을 낳았단다
밤은 다시 부정과 불화 황금 사과를 관리하는 여신을 낳고
마침내는
불화가 황금 사과를 던져 트로이아 전쟁의 불씨를 낳았으며
땅은 하늘과 산과 바다를 낳았단다
하늘은 어머니인 땅과 사이에서 열두 명의 티탄들을 낳았고
그들 중 크로노스는 아버지인 하늘의 고추를 자르면서
땅과 하늘이 분리되었단다
크로노스는 누이, 레아 사이에서 올림포스 신들의
왕이라는 제우스와 말의 이름 더 유명한 포세이돈과
저승사자로 알려진 하데스를 낳고

딸은 화장품 이름으로 알려진 질투의 헤라와 데메테르,
헤스티아를 낳고
또 재앙을 퍼지게 했다는 판도라 상자 이야기도 있으며
아주 무서운 뱀의 머리를 가진 메두사의 이야기도 있단다

사랑은 거대한 힘과 원리로 나중에서야 신들과 동행하여
서서히 그 모습을 나타낸단다
잠이 오는구나 다음에 또 해줄게

주야
이것은 네가 어른이 될 때까지 들려줄 긴 이야기라
오늘은 할아버지가 짧은 꿈을 꾸다 일어날게
너도 이젠 긴 잠에서 깨어나렴

善놈善년

가끔 인식하지 않으면서 인식하는 것이 있다
누군가 명품가방을 들었을 때
안 가졌을 때와 못 가졌을 때
논리는 분명 다르다
인간이기에 갈망이 있는 것
욕망은 불균형으로부터의 균형 쟁취다
때론 잠재된 무의식이 대칭 끈을 맨다
내 안의 나에게 만족을 느끼며
또 접선들의 내면을 한없이 간질이며
.. 체 ..체 한다
그러나 체들은 잘 찍힌 福점 하나를 이기지 못한다
각인은 투쟁에서 쟁취하는 철저한 결과물이다
향기를 지닌 자는 그 어떤 사랑을 선점한다
불균형은 은밀히 불균형을 불러 균형의 몸매를 만든다
명품가방은 내부로부터 그럴싸한 균형이지만
福점은 외부로부터 惡에 맞선다
하지만 결국
명품가방은 요구되어지는 되라진 善년이고
福점은 있었으면 하는 까칠한 善놈이다

권惡징善

아주 위험한 폭탄이다
미물만이 터트릴 수 있는 것이다
역사에서도 개혁자들도 폭파시키지 못했다
하지만 심지는 깊고 길었다
탈춤놀이에서
해학을 넘어 풍자된 양반의 권악들
실화에서 터져 나온 홍길동
또 얼마 전 시답잖은 겉치레만 남는 것보다는
"공자가 죽어야 나라가 산다"는 주장이 들끓었다
에둘러 경제론으론 놀부시대가 왔다
정말이지 놀부음식점들이 불꽃놀이를 주도했다
성악설로 돌아볼 때
악은 선으로부터 바로 볼 징[瞪]이어야 한다
선악의 기준은 그때마다 파편으로만 남았다
역발상에 불붙을 때 변화는 출발이다
창조는 폭발로부터 생겨나는 뜨거운 불꽃이다

天옥地당*

수많은 겁이 있다지요 또 인간세상 있다지요 그리고 죽어 잠시 머무는 中有란 허공간이 있다지요 소똥 같은 철학으로 다이아몬드 우주론을 소개합니다 하늘엔 천당 좌측엔 인간세상 우측엔 중유 발밑에 지옥 중앙에 행위를 제어하는 십겁이 살짝 돌출되어 있습니다 살아선 한 곳에만 머물고 죽은 다음엔 두 곳을 간다지요 보석을 탐하지 마세요 죽어서도 다 가보지 못하는 다이아몬드 세상 아닌가요 또 겁이란 數가 정해져 있으니 錢에 욕심 부리지 마세요 추측건대 이미 지옥엔 경리가 넘치고 천당엔 구전(커미션)이 넘칠 것입니다

중유라는 교차로에서 천당과 지옥행이 결정되니 각별히 인상을 관리하세요 감각과 지각의 반성으로 나타나는 마음의 표상이랍니다 인상이 좋아야 특별히 사유세계도 편안히 지낸답니다 이쪽저쪽 선택되지 못한 얼굴이 귀신이 된다지요 어디 한 번 웃어봅시다그려 이몸이 서툴게 지어놓은 天獄地堂에라도 가야지요 픽—

* 天옥地당 : 천당에 있는 감옥과 지옥에서 염라대왕 모시는 자리.

제2부

리키르 캔디가 먹고 싶다

低面圖 1

— 소주병

술이
왜 사람을 흔들까 첫사랑 같은
설렘이 있기 때문이다. 나름의 법칙은
거지의 질서와 같다 절대로 똑바로 볼 수 없다는
것이다 우러러 허공에다 멍하니 초점을 맞춘다. 그리곤
재빨리 저 아래 직립으로 내려다본다 값어치가 얼마인지 속내
를 저울질 한다 행동은 예술가로 보통은 보통만 바라볼 뿐이다
그럼에도 나는 몇 잔 소주를 마신다. 짜릿하다. 쏘셔오
는 투명이 불투명 할 때 자국을 찌른다. 질린 세포
들에게 혼돈이 고함으로 마구 찔려본다 똑바로 똑
바로 텅 빈 길에다 입 대포를 쏜다 마침내는 열차 소리
번잡한 밑바닥 소주병으로 남는다. 모두가 돈다 둥글다 지구가 둥
글고 세상이 둥글고 그녀의 얼굴이 둥글다 못해 동그랗다, 그래
둥근 것은 끝이 없다. 미친 것은 주저함이 없다 그냥 헤매
는 것이다 허우적거림은 경계를 넘은 물이다 물에 물은
물일 뿐이고 술에 물은 그래도 술이다, 결국
허세만 꽉 찬 빈 병으로 섰다 누군가
잡아주겠지 아니 뉘어주겠지
이 착각

C_2H_5OH

低面圖 2

— 주검이 바라다 본 별천지

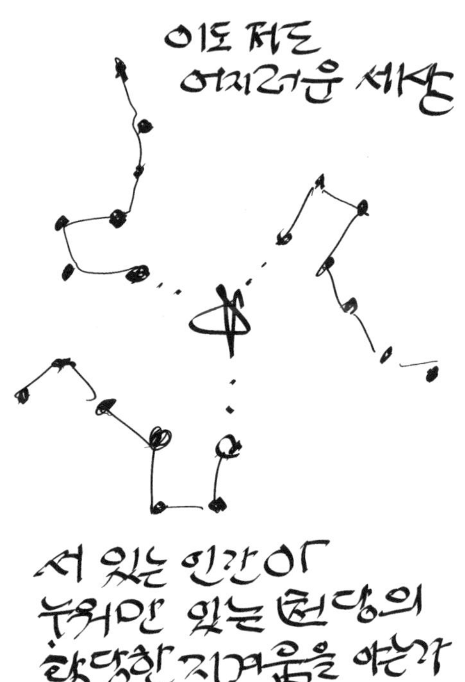

低面圖 3

— 이제 얼마 남았니?

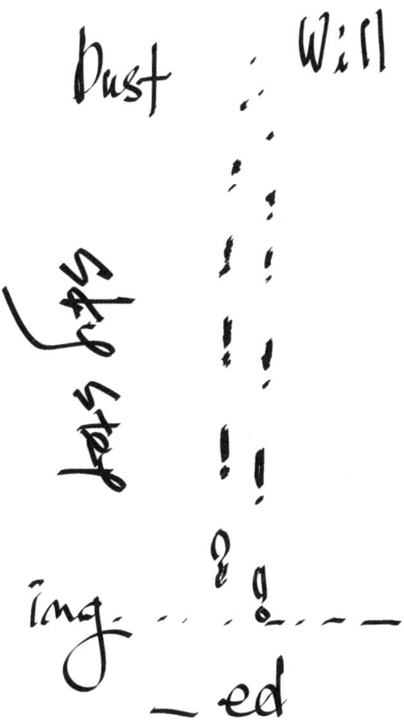

여지

세상엔 모자라서 넘치는 곳이 있다

텅 비어서 꽉 차는 곳

꿈을 꾸면서 깨어나는 것

젊어지면서 나이 드는 것

내가 아니면서 내 몸통이고 싶은 곳

그 누군가 받아들이고 싶은 설렘

살짝 밀쳐보는 심장이 있다

맵지 않으면서 확 달아오르는 매움

부끄럽게 숨긴 입술을 터뜨리고 싶은 곳이 있다

멍멍돼지의 辯

황사 도시의 봄비는 더럽지만 반갑습니다
우리 속 돼지는 순간 탈출을 감행합니다
산허리를 돌아온 만큼 오래된 면허증과
녹슨 바리톤 보이스를 운무 속으로 던져버립니다
평생을 돌아다니는 개가 부럽습니다
이제 개가 되려고 합니다 멍멍
개는 할 짓 다하는 인간이 부럽습니다
인간은 이제 하늘을 날려고 합니다
새들은 사람이 무섭습니다
개는 재롱을 떨기 시작합니다
그러나 한순간
피사체가 될까 무서워집니다
세상엔 개보다 돼지보다 못한 인간이 많습니다
사람에게 가장 무서운 것이 사람이란 걸 알았습니다
보고 싶은 것만 보고 듣고 싶은 것만 듣습니다
봄비는 갈팡질팡 우왕좌왕
멍멍, 모든 투정을 포기합니다
울부짖음에 비가 멈춰 섭니다
어제보다 더 꿀꿀한 오늘입니다

꽃은 피는데 내 심장은 어디서 지고 있나요

자스민향으로 날다

방향 없는 방향
무게 없는 무게가
세상을 틀어막는다

곧잘 앓아눕는 이야기
나이 먹어가는 얼굴에 다다랐을 때
콧등 찡한 기억 하나

시간을 붙잡지 못하는
엷디엷은 허브는 싫다
시작보다 더 질긴 짙음의 끝
하얀 자스민은 더욱 싫다

캐캐한 흑맥주 냄새가
시끄러울 때
빼꼼히 틀어막힌 속내는 뚫린다

작은 꽃잎 하나를 씻어내리지 못하고
너도나도 냄새도 없는
태어난 그곳에서
열지 못하는 세상 우러르고 있다

저 에어컨보다 이 선풍기

계약된 바람에도
한 톨의 情이 있다
종이보다
가볍게 날아다닌 生에도
후회가 있다
본디
돈 든 바람엔 짐작할 수 없는 냉기만 흐르고
한 푼 날갯바람엔 한 무리 온기가 흐른다
저 에어컨보다 이 선풍기가 좋다
오늘 텁텁한 날엔
살살 날개에 얼굴을 문지르고 싶다
간들바람에다 물을 부어
심한 몸부림으로 낯짝을 얻어맞고 싶다

아스팔트 인간

차단은 빙벽보다 더 차갑다
단절은 한 방울 눈물마저 증발시켜 버린다
토막토막 엔진소리에 잘려가는 하루들
굴곡진 삶들은 고막조차 잃어
錢으로 틀어막은 편리함에 치이고 치여
한순간도 기억할 수 없는 치매가 된다
아니 굴절의 한계를 넘어 휘어져 버린 자연은
억누름으로부터 폭발해
마침내는 본성조차 삼킬지도 모른다
이 끓어오르는 냉혹한 길을 걸으며
어쩔 수 없이 쓰러질 아스팔트 인간
단순해 어지러운 도시는 무엇인가
꺾여 왜곡된 직선으로 빙빙 돌고 돌다
이름조차 잃어가는 나는 무엇에 헤매는가

어쩌다
까망한 아스팔트가 깜빡한 주먹땅엔
소국은
찬 기운으로도 지친 가을을 피우는데
또 다른 길

숨 가쁜 햇볕이 한마당을 지나갔다
이젠 되돌아오는 좌측 깜빡이는 그만
길은 있어도 시간이 없다
천지가 시간이지만 기다려 줄 신호가 없다
어쩌면 바람이 신호가 되어 줄지도 모른다
길은 깊고 넓은 것
내 속에 찌꺼기를 삭이면
헌 것은 언제나 새로운 것이다
그저 허름한 길을 처음인 양 걸으면 된다
길은 언제나 다르다

If

너무나 쉽게 당신을 엽니다

이젠
코스요리가 당기질 않네요
반갑습니다
분위기가 참 맛있군요
흔들리는 빈 잔에 새 잔이 들어찹니다
점점 술보다 관계에 취해갑니다
차면 찰수록 더 비워집니다
바구니는 꽉 차면 더 외롭지요
자, 우리 뭘 더 먹을까요

If
만약에 만약에 우리 이럴 수 있다면

타인으로 살다

— 카페의 화장지

인간쓰레기
딱 한 번 뜨거움으로
구렁텅이로 밀어 넣어버렸다
그림자의 뒤가
엎질러진 양주로 젖어가는 나를 숨겼다
매캐한 늙은 곰팡이가 위로했다
인생은 젖은 쓴맛이라고

세상이 동강 나듯 고음만 들려왔다
유리창엔 불길 같은 어둠이 솟구치고 있었다
또 구역질 나는 인간들에 의해
앞날이 돌돌 말려버린 친구들이
욕구의 미와 추한 미를 숨겨주었지만
주름진 고함에 질려 버림받은 떼거리로
일그러진 나를 무겁게 덮쳤다

온몸 얇게 찢어지는 절규로
비뚤어진 그들 마음을 닦고
굳어버린 괴로움을 지워주었지만
사람은 사람이 아니었다
그들도 한낱 일회용일 뿐이었다

카푸치노 한 잔, 고무줄처럼

모락모락 탄성한계를 넘고 있다 사선으로 앉은 하얀 젓가락 같은 손가락 사이로 생담배 연기가 길게 늘어진다 세상이란 이런 것이다 밤에만 사는 남자는 무엇을 해도 탱탱하게 되돌아오던 시간이 있었다 그저 멋만으로 살았다 자존심만 껍데기로 얹힌 테이블 위에 이야기 하나 커피 거품으로 떠돈다 육십갑자를 휘돌아 온 세포는 중심을 잃어 버린다 뜨거운 속내는 머뭇거리다 창밖에 머문다 흠집뿐인 아스팔트 위로 수많은 밤빛은 궤도를 이탈하며 사건들을 따라잡는다 흑청색 유리창에 비친 곁눈질이 느린 듯 잽싸게 나를 낚아챈다 달콤한 잔 속에 갇힌 씁쓸한 맛이 머릿속에 맴돈다 그래 세상은 언제나 두 가지 맛, 근사하게 늘어진 또 다른 멋이 꽉 당겨줄 그 맛을 기다리며 사는 것, 처음으로 되돌아간 고무줄처럼 아무 일도 없을지라도

지금에 남은 것들

젊은 치매
망각하는 법을 잃어버렸다
뽑힌 머리카락에 엉켜버린 길
소진된 폐건전지로 갇혀버린 길

교차투영으로 만난 불타던 정점들
등으로 녹아내리는 평행선들
얼어버린 내 밤의 언어들
투명 육면체에 갇혀 생선뼈로 남은 온기들
잘려나갈 손톱에 걸려 발악하는 기억들
조각조각 깨어져
단순평면 위에 쓰러지는 과거들
그 세포의 주검이 쌓여도 썩지 않은 잊음들

고온의 한때가 차갑게 순환되고
뜨거웠던 얼음이 될 내일로
내 작은 지구는 오늘도 기울어지고 있다

결코 지워지지 않은 그날에 꼭짓점이
극과 극을 마구 찔려
바싹바싹 내 얇은 睡眠을 얼리고 있다

티탄! 난 성경을 뒤집었소

티탄! 당신을 처음 만나기 전에 성경을 뒤집는다는 건 상상도 못했소 어릴 적 교회에 다닌 적이 있었소 크리스마스 전야엔 찬송가가 우리집 마당에서도 울렸소 어쩌다 멀리 캐나다에서 세모를 맞았소 앞엔 불어 뒤엔 영어로 쓰인 성경, 영어나 불어나 이해 안 되긴 마찬가지였지만 에라, 성경대로 꼭 살아야 되나

정말 당신이 그렇게 예쁜 주얼리인 줄은 정말 몰랐소 오 주얼리! 말없는 무거운 쇳덩이로만 알았소 그날 아침 내가 당신을 첨 보았을 때 팔색조였소 눈이 부시다는 걸 새삼 알았소

미끄러진 이십 년 지금에서도 그날을 기억하고 있소 참 많은 생각이 순간을 이어갔소 휑하니 회사를 불구속으로 내던지고 당신에 미칠까 생각도 했었소 호텔방에 준비된 성경, 잡는 순간 뒤집을 수밖에 없었소 그 순간 신들의 조각상이 때문이었소 또 몇 년 후 아티스트가 되어 있는 그림을 그렸었소 환경을 끌고다니는 당신에게서 生을 배우곤 무거운 여행가방을 가볍게 끌고 있었소 난 종종 그날을 떠올리며 낙엽들을 쌓아가고 있소

그들에게 당신을 소개하겠소 당신의 정식 이름은 티타늄* 날아갈 듯 가벼운 몸매, 온도에 따라 공작새처럼 변하는 화장술에… 순간 보석의 경계를 몰라 아름다움의 기준을 잃고 지금 당신이 詩의 한계를 타이타닉에 싣고 있소 밤의 신 '닉스'가 젊은 걸음으로 다가오고 있소

손가락 한두 마디 남은 끈이 당신을 다시 잡을지 모르지만 기억 속엔 영원히 큰 자리로 있소 부끄럽게도… 나만 아는 기도를 주억거리며 성경을 찾으려고 성경을 뒤집을 수밖에 없었소 청춘은 프렌치로 통하는 것! 나는 도통 불어를 몰랐소 그 흔한 프렌치 키스조차도 조금만 유식했어도 더 우아하게 단 한 사람 당신을 신의 이름으로 불렀을 것이요 쏘리 아이 돈 노 프렌치

* 티타늄 : 가볍고 온도에 따라 색이 변하는 특징이 있는 특수금속.

리키르 캔디가 먹고 싶다

칼로 물을 베는 건
시인이 할 일이요
톱으로 얼음을 자르는 건
기업인의 책무다
이도 저도 다 된 난 그래서
물도 얼음도 있는 눈을 좋아한다
눈의 앞길은 차분하나 위험하다
욕심스럽게도
소맥을 마시며
가끔은 딱 한 잔 탁소*가 노래를 부른다
사람들은 혼합을 좋아하나
중용을 애써 잊으려 한다
나이는 언제부턴가
칵테일 한 잔 입술을 적시며
젤라틴 캔디와
커피에 아이스크림 아포카토가 그립고

오늘은 이상하게도
캔디 속 술
리키르 캔디에 살짝 입안 가득 취하고 싶다

* 탁소 : 탁주와 소주의 칵테일.

제3부

다빈치 구두를 신다

무화과꽃을 만나러 갑니다

곧 퇴직할 컴퓨터가 있습니다
주 디렉토리 Sea가 있고
보조 디렉토리 Sun과 Moon이 있습니다
어차피 이 땅엔 M과 W가 삽니다
그리고 깊숙한 곳에
영원히 푸른 기차 한 대가 숨어 있습니다
기차를 타고 가끔 아주 가끔
무화과꽃을 만나러 갑니다
꽃 없는 꽃을 만나러 갑니다
촉촉한 보라로 늘 수줍어합니다
꽃이 없기에 보여 줄 수는 없습니다
시들어 버릴 입술도 없습니다
허공 같은 입술을 포갭니다
허공은 결코 허공이 아닙니다
.........................zz zzz zz zzz
화면은 번득이는 로그만 남기고
조용히 얼어 갑니다

차디찬 열병

차갑게 매우 차갑게
처음부터 누구의 것이 아니었기에
시작도 끝도 없는 깨어진 조각일 뿐이었다
변한 것은 아무것도 없었지만
펄펄 얼어 터지는 열병이 속으로 폭발해 죽은
얼음덩어리였다
끝나고도 이어진 대화를
속 보이는 투명한 고체로 응어리져
그 지친 세월이 차가운 독으로 변했기에
오직 독으로만 풀어야 한다

독하게 아주 독하게
두 눈을 감고 이빨을 쓰리게 깨물어
고통을 능숙하게 빛으로 뿜는 독은
긴장된 가슴으로만 풀어야 한다

조용하고 더욱 냉정하게
시리고도 독한 냉기가
뜨거운 하루를 녹아내려야 한다
하나에서 둘은
빙점의 궤도를 이탈해야만 한다
독초 가득한 옻나무 휘어진 길을 찾아서

내 고깃값은 병신육갑

도무지 얼마인가
미쳐가는 부도어음이
퍼질러 앉은 모래를 센다
지나가는 사람이 밟아 버렸다
남은 물기 하나마저도 흩어진다
다시 모래를 센다
때아닌 회오리바람이 분다
타오르는 오기는 또 모래를 센다
너울 파도가 삽시간에 묻어버린다

시작의 뒷면이 끝
마침내 모래의 숫자를 알았다
세상은 겨우 세 알
지나간 어제를 다스리고
메마른 오늘을 적시며
암벽을 타듯 내일을 견디면
모래알 노래하는 모레다

그래
내 몸값은 세 근 고깃값이다
이 땅에서 순간 병신이 된다는 것
병신육갑 내 고깃값이
모레를 불끈 쥐며 모래를 흩트린다

정白手

소싯적부터 먹고 놀기에 유능했다
그는 일찌감치 퇴역 장성으로 된 열차에 올랐다
온종일 두들긴 컴퓨터의 기록을
다 별에다 날려버렸다
알고도 모르는 척 조용한 한숨을 즐긴다
시간에 맞서 싸우는 최초의 인간이다
미친놈의 백수놀이
망할 놈의 백수놀이
사람이 많다 보니 별 따는 놈도 있지

헉, 나도 몰래
내 나이를 다 파먹어 갈 때쯤
그는 허리 꼬꾸라진 그믐달로 왔다
움직이는 모든 것들이 끝이 있음을
태어나자마자 죽음으로 걷고 있음을
간이식당으로 살아가는 죽은 열차에서
거품 빠진 흑맥주가 멍한 하늘을 바라본다
내 얼굴이 유리잔에 비친다
허기진 주름으로 지나간 시간을 붙들고 있다
열심히 달려왔지만
나는 어느덧
그 옛날 백수의 얼굴이 되어 있다

당신보다 거짓말을 선택했다

칠천만 원 떼이던 날
生라면을 씹어 먹었다
하늘 통째 내려앉고
땅은 한숨보다 깊게 꺼져
두 발이 버티기엔 그 돌침 너무 뾰족했다
'리부팅' 중인 가슴
오류 또 오류
그것이 원인이었다

타들어 가는 지뢰, 그 선을 밟고 있는 당신
가장 짧은 단어로 비명은 잘렸다
네 발자국은 깊게 묻혀 버린다

'하드 파괴'
붉은 신호가 돌고
미쳐가는 피가 깜빡거리고
머릿속 배터리 희미해지는 끝을 잡고
줄줄 휘갈겨 마지막 말들을 적고
웰다잉이란 웃기는 놈 잠깐 떴다 사라지고
어지러운 합성어가 왔다 가고
선택 없이 선택된 언어를 당신에게 전한다

양과 늑대의 싸움

양이 늑대를 이길 수 있을까
인간이 죄로 붙은 욕심을 버릴 수 있을까
내게 허우적대는 또 하나의 집착도
물러 친다고 스스로 물러날 늑대는 아닐 것이다
너무나 잘 알기에 충격이 필요하다
이른 새벽 사리암에 오른다

이 고됨 속 편안한 저 얼굴들
일상에서 볼 수 없는 안도들
염주에다 묵은 때를 씻으며 중얼거림으로 침묵한다
바람이 분다 천수경이 조용히 가라앉는다
제어하는 내 속에 나를 메우며
빗나간 나를 조절하는 이 절제

세 사람
무능력한 나, 욕심으로 무너지는 나와 아니라며 선을 긋는 나
욕심이 도덕을 누를 때 이곳에서 토한다
집착이 관심을 이기려 할 때 여기서 좌선한다
또 양의 지혜를 필요할 때 이 산을 오른다
동행 아닌, 운전기사로 아내와 억지로 왔던 곳

늑대도 괴로운 돌산 중턱
원하는 것은 이 세상에 없다
重과 中도 모두 내뱉는 곳

빚과 빛

좋아하지 않으면서 익숙해져야 하는 것들이 있다
설탕으로 삼켰는데 소금일 때가 왕왕 있다
소금을 금이라 한 이유를 알 것 같다
우리는 어느 날 하늘에서 뚝 떨어졌기에
축복받지 않는 자는 없다
빛을 만나면서 빚더미에 빠져 버린다
소금은 생명의 순환이며 빚은 마음의 순환이다
없는 것 같으나 늘 있는 것이다
싱거운 것들이 맛을 내는 법 있던가
짭짤한 것치고 맛없는 법 있던가
빚이 없으면 사는 의미가 없는 법
갚다가 재수 좋으면 또 누가 아는가
여유가 생기는 법 아닌가
존재란 빚을 빛으로 뿜어
자신의 아우라를 만드는 것이다
결국 내가 여기에 있는 것이 아니라
타인의 머릿속에 떠다니는 것이다

유리창에 녹아내리다

겨우 세끼 밥 때문에 바다 건너 출장을 간다 실어 나른 그동안의 무게로 얼굴은 윤기가 삭은 지 어지간하다 적진의 긴 전투 끝에 갇혀버린 호텔방에서 멍하니 밖을 본다 유리창에 스산함이 들어선다 이런저런 감정들이 시계 반대방향으로 휙 돌려 버린다 그러고 종잇장 같은 냉장고를 뒤져 맥주를 마신다 거품이 눈 밑 외로움으로 날아 붙는다 불현듯 그리지 못한 웃음 하나, 주섬주섬 레스토랑으로 간다 도무지 아는 게 있어야지 철판요리 코너에 앉아 약속되지 않은 언어로 허기진 밥 한 그릇 받곤 요리사의 현란한 칼놀림에 넋을 놓는다 낯선 적막을 잡아줄 보드라운 사람이 없다 머릿속 사람은 너무도 멀다 소믈리에는 빙긋이 "이츠 굿" 한마디 던지고 엄지를 들어 보인다 여인의 가슴 같은 잔에 포근한 향을 가두고 몽롱한 키스를 몇 번 날린다 누가 침대에 누운 것처럼 바닷가재가 속살을 드러내고 있다 유리창에 내 초상이 무참히 녹아내리던

그날처럼 지금의 내 나이도 녹아내렸으면… 턱수염만 부질없이 자란다 잠시 오늘이 휘청거린다 휴대폰을 만지작거린다 아, 울산엔 철판요릿집 어디 없나! 얼굴 붉히며 한여름으로 날아 볼

구르다 휘청

핸드폰과 알람시계가 동시에 울린다
아내가 서울에서
리모컨으로 나를 깨운다
情이란 실체가 없는 것, 구르다 휘청

현실을 내려놓고 시체놀이라도 해본다
드디어 일탈이다
만물은 살아서 더 죽는다
헛바람 가득한 공은 까불다 맞아 죽는다
자신의 한계에 빠져 속절없이 죽는 골프공
오늘 죽은 나를 되살리는 명의가 된다

하얀 주검을 불안하게 올려놓고
원심충격기를 가한다
딱 소리를 뱉으며 피가 돈다 정신이 돈다
날아 누구의 뛰는 벌판에 심장을 묻는다
놀란 가슴이 뺨을 후려친다
꽉 찬 허공으로 도망치다
세상 끝 블랙홀에 빨려든다
나는 움직인다 살아 있다

공이 난다 하늘이 구른다
때마침 전화벨이 나랑나랑 울린다
아뿔싸!
이곳도 함께 놀자는 아내의 손바닥 안이었다

다빈치 구두를 신다

나는 끈이 조금 풀려 있었다
조금씩 바람이 들어오기 시작했다
세상의 오물이 들어왔다
바닥 찌꺼기가 기생하기 시작했다
꼭꼭 잠긴
참 난해하고도 단순한 코드가 해독되기 시작했다

세상엔 나름으로 풀어진 다빈치로 넘치고 있다
수많은 욕구가 내밀한 산을 쌓고
커피, 안경, 가수... 까지 등장했다
현존작가 예술품 중 가장 비싸다는 제프쿤스는
명성을 위해 엑스 남편들로 이름이 긴 창녀와 결혼했다
영원히 값나가는 다빈치를 사랑했다
아니, 풀 수 없는 코드에 미쳐 있었다

무의식 속 어느 날
한 쪽엔 나들이 구두, 다른 쪽엔 안전화로
천 년 전 신라에 갔다
잠자던 의식은 불안에 떨었고 떨림은 열쇠를 찾았다
휴식 속에서 사람들이 절룩거렸다
차라리 벗자
밟히는 이 순간 이것들은 내 것이다

내 눈에 보이는 저것들도 내 것이다
궁터를 돌아 나 홀로 왕이 되어
번개 같은 분부를 내렸다
같아야 한다는 법은 없지 이제부터 멋대로 사세요

남자가 이란성 쌍둥이를 낳느라
욱신욱신 발이 저리면서
마침내 양쪽이 서로 다른 다빈치 신발이 탄생했다

젊은 노래 썸(Some)을 타며

인간 속에서 태어난 수많은 언어와 문자
이미 절반은 퇴화되었다고 한다
아주 젊은 언어 속에
시간을 붙잡는 청춘들의 밀당 은어가 있다
타임머신은 시간여행은 하지만 시간을 멈출 수는 없다
과학을 개똥으로
논리를 십 원짜리 동전쯤으로 짓밟으며
진리로 접근하는 거짓이 있다
세상에 변하지 않는 것은 없다
정지된 시간만 변화를 멈춘다
변하지 않으면 이상이 있는 거다
젊은 노래 썸은
"너를 향한 맘은 변하지 않았는데"
"네 꺼인 듯 네 꺼 아닌 네 꺼 같은 나"
지금도 어느 곳에선
깜짝 놀랄 시간이 멈춰 선다
"당신이 변할 줄 몰랐다"며

D^2 = DD한 평면

디디
이 두 자를 철학으로 뭉갰다
부족한 것이 완벽한 것보다 좋을 때가 있다
아 그렇습니까
이건 이렇습니다
디디함과 달달함의 차이로
오늘은 業과 業으로 접근한다

DD
찢어버린 낱장 시각 속에
더럽지 않은 더러운 순간들
취한 알콜들, drunk dunken
휘발된 나이에
내게도 아담한 시절이 있었다
이 멋쟁이 멋쟁이, dandy dandy
어제는 生을 生으로 묻어 왔다

業도 生도
마침내는 DD족*까지 날아
차라리 괴로움이 외로움보다 낫다
지금이 지금도 일을 한다

* DD족 : 주지 않고 받지 않은 나이 지긋한 아저씨(Do not Disturber).

더럽게 코를 푸세요

직장생활 편하게 하시려면
이 개똥詩에다 코를 푸세요
1 2 3 4 5 6 7 8 9 10
이것은 차례로 쓴 숫자인가요
땡~ 틀렸습니다, 창의력 제로이군요
돈 되는 자판기 숫자는 언제나 끝이 0이지요
왼쪽 머리를 한 번 쥐어박으세요

이 땅에 상사들은 무엇을 물을까요
답은 이미 알고 있어야 합니다
모르신다면 고달픈 직장생활이 뻔하네요
'언제' 란 미래 값어치와
'얼마' 의 이윤을 남기며
'몇 개' 를 어디에서 소비하고
'몇 시' 에 무엇을 하는지
상사는 짧디짧은 숫자만 기다리는데
우리들의 대답은 왜 이리도 길까요
이런 멍청이, 오른쪽 머리를 쥐어박으세요

그럼 우리가 쓰는 숫자는 모두 몇 개일까요
네, 10개입니다
땡, 땡~ 또 틀렸습니다

우리들의 숫자는 12개입니다
욕심이 팔자인 ∞ 무한대수와
면적도 형체도 알 수 없는 . 소수점이 있지요

사람은 숫자 아래 살고 숫자 위에 죽습니다
이젠 뒤통수를 눌러 고개를 숙이세요
무서운 총알도 잡는 겸손이지요
생물 끝의 무존재
세상살이가 아니던가요
힝! 이 더러운 속물 더럽게 코를 푸세요

원과 각의 사이에서

이 논리를 모르시나요, 한놀리 씨
사람들은 투걱투걱 모진 방에서 태어나
사각 요람에서 자라
각진 휴대폰을 친구 삼아
육모 난 차를 타고
모난 풍경으로 쭉 하루를 살지요

이 진리를 모르시나요, 안질리 씨
부글부글 얄미운 진리는
"지구는 둥글다"입니다
사람들은 처음부터 둥근 보자기 속에 있었고
마음들은 자라 둥글고 둥글어
흔한 모서리들을 모두 품어 내지요

원이라는 것
각이라는 것
영원한 대칭이요 논리와 진리이다
1 : 1.000373 다빈치 인체 비율
같은 하늘 아래 원과 각의 비율
끝없이 부대낄 수밖에 없는 맞수다

서걱서걱 오늘이 이기고 내일은 져 줄 수밖에요
세상에 모든
애
증

서류 한 장은

사람이 무섭다 보다 무섭다
겨우 0.15그람밖에 안 되는 가냘프고 창백한 종잇장
0.5밀리 펜슬로 짙은 화장을 하고
아랫입술에 빨간 립스틱을 찍으면 미래는 소름이 돋는다
마음을 잘라 옮기고 생각마저 절단해 버리는
휘청거리는 입김에 놀아나는 메스가 몹시도 사납다
가끔 동아줄로 구속하는 반반한 미소가 때론 설레기도 한다
역사도 시각도 길도 모이는 곳
살아낸 날들과 살아낼 날들이 함께 사는 곳
지워진 집 위에 또 다른 집을 지었다 부수며
엉뚱하게도 스쳐 간 얼굴이 그려지는 이곳이 두렵다

제4부

날개의 시간

꿈의 해석

식사 후 이쑤시개를 물고 있는 꿈을 꾸었다

프로이트는 말했다
꿈은 24시간 내 일어난 일의 변형이라고

이쑤시개는 가늘고 긴 것
막대로 된 골프채 야구방망이 볼펜 색연필
접이식 우산 립스틱
또 남자의 원초적 힘의 연상

입술은 둥글고 담을 수 있는 것
밥그릇 커피잔 연필꽂이
따끈한 정종 작은 병
또 여성의 은밀한 곳의 연상

프로이트는 표현했다
꿈은 수치스러운 일이 금지되지 않는 곳
노골적이고 부도덕의 등장이며
억압된 무의식적 행동이라고

결국
예시몽엔 표현할 수 없는 의성어만 남았다

날개의 시간

음
손엔 아무것도 없는 줄 알았는데
하루에도 몇 번씩 씻어내었기에

덜컹
곰팡이 살짝 핀 지갑 하나 펼쳐 들면
내면은 아직도 수줍은 홍조를 띠고 있다
그 속에 단정한 구 화폐 천 원짜리 한 장
모든 것을 넘기고 넘은 나이
형체 없는 젊음으로 와 닿는다
숨어버렸던 웃음에 침을 바른다

또
한 쪽 깊숙이 잠든
글자 하나 없는 백지카드
서로의 길이 달랐기에
어쩔 수 없었던 허망함은 말이 없다
나는 묻고 너는 답했어야 했는데

처음부터
끝이 보이는 날들이었기에
천 일을 훌쩍 삼킨 어느 해

마음을 농축하고
사연을 압축해 넣고
10.04일 천사로 영원히 날았다

잃어버린 안경

너머 본 세상은
밝았지만 캄캄했습니다

머릿속 짧은 전율과 가슴 속 긴 떨림이
하나의 큰 두근거림이 되었습니다
1+1=1
이해할 수 없는 등식
혼자서는
이상한 논리를 끝내 알지 못했습니다

사람들은 하나 된다는
사랑의 수식만 따랐습니다
이 꼼수 같은 로직은
세상을 아름답게만 각색하는
솜씨를 가지고 있었습니다만

뭉쳐진 응어리를
풀려고도 하지 않았습니다
사람이 아니길 원했습니다
깊은 수렁으로 떠내려가
그저 꾸물꾸물 머뭇거리는 흙탕물이었습니다

무슨 말이라도 내뱉어야 하는 혀는
지그시 후회를 깨물고 있습니다
환한 표정만 짓는 안경은
이미 내 품안에서 다리를 접었습니다

휴대폰으로 흐르는 도시

이 황금도시는 불황이 없다
얼굴 비벼댈 때마다
네온사인 음악이 깜빡거리고
미처 전하지 못하는 마음
이모티콘이 대신한다

길모퉁이 좁은 불빛 아래
번듯한 풋것들
밋밋한 가슴도 그저 그만이다
찍찍 눌러대며 고성이 춤을 춘다
요상한 손짓들 달아오른다
잿폿이 터진다
쩐이 날아간다

어둠침침한 막다른 골목에선
사랑도 헐값이다
한 잔 하세요, 그냥 가져가세요
영원히 팔고사고(012-8545)입니다
흥정에 얇아진 카드에 불이 붙는다

角진 세상에 하루가 온전히 취했다
자동차들 모로 흔들린다

방향 잃은 로봇은 헛웃음만 눌러댄다
오늘이 순식간에 팍 늙어지면
내일도 그렇게 팍 젊어서 올 것인가

구월은

꿈
사람
1 + 1
마트의 세일
커피집의 상술
시간과 시간 사이
내가 가장 좋아하는 비율
커피 한 스푼에 설탕 한 스푼
어딘가 펑 터져버린 풍선 같은 구월은
떨어진 낙엽으로 누군가의 떠남을 기다린다

In September

Dream
Some People
On plus one
Market sale, Coffee tactic
Time to time my favorite amount
One tea spoon of coffee and suger
Somewhere popped like a ballon in September
Fallen leaves to wait for someone to leave me

사진 두 장

빗속에 가을 사정없이 들이붓고

아버지의 기일
아들은 유리창 너머 아버지를 부른다
삶이 무거웠던 아버지는 갸우뚱 웃음만 보낸다

아들의 아들의 어머니는 아들을 부른다
모두가 짜 놓은 한 판이다
아들은 얇은 머플러를 신부님처럼 걸치고 앉았다
그 아들이 다시 아버지를 부른다
아버지는 넥타이 너머 계면쩍은 나이를 숨기고 계신다
머플러로 넥타이로 한평생 옥죄며 산 세상
긴 시간을 압축한 순간이 흐르다 잘리고

가을이 왔는데도
아주 가지 못하고 뒤돌아보는 늦여름처럼
우리들의 아버지는 차마 발걸음 떼지 못한다

밤에 밤은

사진 찍기 싫다
그때 내뱉은 거짓 한마디
쌓여가는 나이로
무겁게 진실을 찍어내고 있다

하루를 뜨겁게 현상해버리고
잃어버린 단꿈 하나로
짧디짧은 여름밤을 또 지운다

청춘은
깎아 놓았던 두 개의 밤
연민에 바둥거리고
하얀 밤을 까맣게 묻으며
밤은 무섭고 밤은 그립다

빈방

헤집고 다니다가
따갑게 물어줄 빈대 한 마리 없나요
화난 핏발은 무엇이든지
박박 긁고 싶습니다

아프고 아려오고 그런
내 빈방에 무엇이 사나요
호흡들이 뒹굴고 뒹굴면 자연인가요
꼼꼼히 틀어막힌 휑함으로
살아 있는 나 하나 달랑 기척을 하네요

이 실낱보다 미미한 소스라침
풀려버린 입술이 부풀어 오르네요
부어터지도록 앞니로 깨물어
앙상한 가슴 돋울 싹 하나 없나요
무너진 봄에
서릿발 하나 밟고 싶습니다
사르르 데우며
노래 한 곡 물어뜯을 빈대 한 마리 어디 없나요
한여름에 꽉 찬 겨울은
지독히 뜨거운 허상으로
허상으로

찌꺼기를 태우며

좋고 싫은 것은 어찌할 수가 없다
짧은 내일을 잊은
흔들리는 엉겅퀴로 있었기에
바람에 날린 수많은 나와 나

오늘 일그러지는 지난 것들이
빈 가슴으로 슬쩍 돌아본다
찌꺼기 흔적마저 지우려
그래도 살았기에 죽음을 연습한다
거절하고 거부했던 심장에다
어쩔 수 없이
쓰디씀을 채워 잠을 가둔다

나이 핑계로 되돌아보는
내 몸에 마지막 불이 붙는다
활활 꿈이 깬다
아파보아야만 알 수 있는 것은
변명으로 비명을 지르며 잘도 탄다

봄엔 홍차를 마신다

속 모를 비밀 한 봉지 잘라
컵에 털어 넣고
따뜻한 물로 암호를 푼다

깊게 숨겨둔 사연이
얇은 온기로 코앞을 스치면
잠시 그 달콤함을 젓는다

그해
목련이 추하게 질 때
시린 독감이 나를 휘감았다
세상을 다 잃은
서글픈 며칠이 누워 있었다

올해도
벚꽃과 함께
나이 든 기침이 젊게도 왔다

인연 잘라버린 봄은
작은 가위로 처방을 한다
내 병은 내가 알기에

이기대의 하루

기암절벽 낭떠러지만 있는 곳
산은 사회, 바다는 낭만
행렬은 끝이 없다
어깨와 어깨를 부딪치는 장사꾼처럼
바다는 수많은 가슴을 씻는다
전설 속 두 기녀와 함께
수장되는 주검은 옷관 바위로 길게 누웠다
앞날 운명처럼
저 절벽 풍매화를 보며 처음과 끝을 보인다
땅 끝은 또 다른 시작이다
한 바퀴 휙 돌아버린 나이
한 잔 소주도 춤추듯 짜릿하다
이 적벽 강산에서 누구는 어디 두고
나는 기꺼이 소주를 마신다
잊음에 취해 또 한 잔
하루가 오륙도로 떠내려간다
마침내는
툴툴 파도에 털린 몸으로
짧은 잠에 깊은 꿈을 꾼다
가슴 찔러오는 봄날
전설 향기로 찡하게도 취한다

소매물도

물음표 하나 바다에 떠 있다
마지막 점으로 뚝 찍은 등대
바라다보는 저 넓은 아량
간절할 때만 열어주는 바닷길
나는 지우고 싶은 물음표뿐인 점
살아온 길이 순수만 했는가
불쑥 솟아 바람기마저 용서하는 절벽들
한참을 흔들다 포기하고 돌아누운 억새들
답하고 나면 또 물어오는 내 속의 질문들
한 장 그림으로만 남은 폐교엔
의문의 소리만 파도로 들린다
할머니 손바닥만 한 소쿠리에
마지막까지 몸을 던지는 멍게들
한 조각 무게마저 찢어진 시린 몸통의 끝으로
그냥 왔다 그냥 간다
나조차 온전히 매몰해 버린 채

구린 것이 단 것이다

이슬마저 거부해 버리는 매끄러운 피부가 있다
파랗게 질려오는 열세 살 소녀 얼굴
얽히고설킨 세상을
물밑으로 잠재우는 널찍한 여유
연뿌리 반찬에서 연꽃잎을 만난다

똘망똘망 나이에
어지러운 세상을 너무 많이 보았다
숭숭 헛바람이 들어간 몸뚱어리
쭉 뻗은 몽둥이들의 방향 없는 투쟁
매일 질근질근 씹어 이기려 했다
되받아치는 쿵쿵 수채 흙 냄새
콧등을 매달린 사과로 반들거리며
두 눈이 유난히 검은 짝지 동순이는
마침내 콤콤한 자리를 바꾸었다

바람이 불고 비가 옛날을 적시고
그 어른 아이는
구캐향*을 품은 채 냄새 없는 곳으로 갔다

나 오늘, 질긴 진흙 입안 가득 물고
아삭거리고 싶다

*구캐향 : '진흙탕'의 경상도 방언.

반구대암각화 풍경들

반석은 불가능을 가능으로 세웠다
육지동물과 바닷고기가 함께 산다

땅 위
새끼 밴 암놈 곁에 호랑이가 함정에 빠진다
움찔하는 표범 너머
놀리는 듯 멧돼지는 교미를 한다
자랄 만큼 자란 새끼를 집 떠나보낼 심상으로
어미 사슴도 젊은 수컷과 내일의 해후를 미리 푼다
이 땅엔 내일의 사랑만 산다

바다
인간의 작살 맞은 고래 곁
거북이 몇 마리 사람을 에워싼다
새끼를 보호하는 고래
순산하려는 범고래와
귀신고래 긴수염고래 혹등고래 북으로 북으로 헤엄친다
물개만 황홀한 여유로 허우적거리고 있다
인간의 명줄 긴 욕심이 산다

사람
그물과 배 세상의 덫에 몇 마리 속아 든다
다시 수천 년이 지나 사람만이 표독하게 변한다
바위도 물살도 그대로인데
사람이 사람을 올가미 씌우는 지금
사람보다 무서운 건 다 죽었다
그때를 기억하라
반구대암각화의 무언은 오늘도 생생하다

호접란 꽃잎 떨어지다

하얀 꽃잎 하나 떨어졌다
지조 없는 여인의 하의처럼
아니 누군가 칼 같은 손이 도려낸 살점처럼
집착스럽게
천길만길

비가 온다
큰 길 모퉁이에 나를 버리고 싶다
피 토하는 동박새 기다리는
동백꽃이 부럽다

버림과 바람은 한 몸으로 무너진다
혼처럼 뒤집은 우산 속에 숨겨놓고
아무도 모르게 심장도 지워놓고

제5부

한 송이 我蘇花

연필깎이에서 사랑을 읽다

둥근 입술은 무언가 부족한 듯한 테이블을 뚫어지게 바라보고 있다 아담한 키 조금은 통통하고 검붉은 얼굴 이슥고 야간근무로 피로해진 사내는 서로를 너무 잘 아는 듯 거침없이 입술에 입술을 포갠다 불꽃이 튀는 산맥, 나뭇가지는 흘러내리고 왼손은 허리춤을 바른손은 혼돈을 감싸 안고 있다 격렬한 것은 때론 균형을 잃는다 서로의 산이 붉게 물들 때쯤 언제 그랬느냐는 듯 제자리로 돌아가 희생 · 결말 · 바람 같은 로맨스는 소설 한 플롯을 검게 채우고 있다

자유 인형

만남은 버스 안이었지요
경상도에서 강원도로 막 넘어가는

여인이 부르는 노래에선
홀씨가 폴폴 날고
매달린 배낭에 탈출한 구속이
낮은 공간 하나를 만들지 않았나요

눈 옆을 살짝 이탈하는
짧은 우수가 멈춘 심장을 찌르고
부끄러운 선을 타는 하얀 웃음은
두툼한 재킷의 단추를
일거에 따 버리고 말았지요
풀려버린 가슴에
당신의 실들로 꽁꽁 감싸 안겨
한 곳만 바라보는
내 눈은 붙박이별이 되었지요

그렇게 석삼년을 넘겨도 목마른 집착은
점액질이 채워지질 않는군요
길고도 짧은 끈끈한 기억
혼자일 때 혼자가 아니었지요

결코 허기지지 않는 농축된 시선에
나의 시간은 녹아내립니다

버스 안에 갇혔던
그때가 차라리 자유였을까요
내 가슴에 갇힌 지금이 차라리 속박일까요
그에게 걸어 준 붉은 목걸이
이제는 풀어주고 싶습니다
자유 인형의 품 속에서 내가 다시 속박될지라도

노란 꿈에서 걸려오다

아주 멀리서 걸려온 전화같이
차디찬 눈 속에
노란 복수꽃 한 송이 피었습니다

아니
너무 미워서 칼을 갈았나 봅니다
맴도는 냉기에 변명하고 싶지만
마음의 짐이 되어
때마침 휴대폰을 두고 왔습니다

한땐 너도, 나도,
서로의 복을 받치고 있었건만
돌아앉은 못다 맺은 관계는
질린 원망으로 노랗게 피었군요
칠지도로 겨누는
뾰족한 잎사귀가 두렵습니다

잘못은 내게 있었습니다
이젠 용기마저 잃은
폭삭 늙은 청춘을 지우면
내일 따뜻한 봄날엔
점잖은 누군가의 전화를 받을 것입니다

하얀 雪夜가 어두워집니다
죄인의 목이 조여집니다
福壽花의 목이 잘립니다
후회는 땀으로 침몰합니다

소설로 쓴 야구 이야기

프로야구 시즌이 끝날 때쯤 우연히 음악을 좋아하는 사람을 만났다 직감이 상황을 버리고 야구 투수로 돌직구를 던졌다 꽃이 시들기 시작하면 꽃대를 정리한다면서 퉁명스럽게 꽃나무잎 하나를 떨어뜨렸다 세월은 성격도 바쁘다 말라버린 잎은 까맣게 날아가고 어느 날 휴대폰 속에서 팝송이 들려왔다 순간 그가 외국에서 살다 되돌아온 사람이란 것이 떠올랐다 공의 속도가 조금 느렸다 캐처로 이제야 공을 받았단다 세상엔 공처럼 둥근 것밖에 없었다며 둥근 이야기만 한다 저물어가는 오늘도 부드러운 두 잔의 검은 맥주로 유리창 너머 밝은 길을 보며 비록 공은 아니지만 끊어도 하나인 원으로 꽃거름을 만들고 있었다 투수와 포수 이야기가 길고 길어져 난 산길에서 세 살 아이로 넘어졌다 너무나 아프다 이 땅에 떨떠름한 맛을 모르는 사탕나라가 있었다 그리고 한 발짝 넘어 진달래로 달린 쓰디쓴 강이 있다

선덕여왕과 통화

불국사 북쪽 담벼락 밑에 민들레 한 송이 피었습니다 문득 선덕여왕이 보고 싶습니다 전화를 두드립니다 큐, 큐- 피고 죽고 죽고 피어 천오백 넘게 꼬인 민들레 뿌리, 저 너머 신라의 땅에 닿았습니다 천년의 소리를 듣습니다 그 길을 걷습니다 탱화 앞에 서면 따뜻한 파장이 나를 엎드리게 합니다 나는 어디서 왔을까요 왜 여기 있을까요 어디로 가는 것일까요 뿌우연 흙바위산 지나면 안경 속 세상이 기다릴 텐데 그대 혹시 누군가 미워 남자로 태어난다면 주제넘게도 난 그 남자를 유혹하는 여자가 되고 싶네요

눈으로 내리는 당신

감포 가는 길 오랜만에 당신과 참 깊은 만남을 합니다 사람들은 무심하게 지나가지만 나는 아팠던 그날에 붙잡힙니다 그때 타버린 사랑, 이제서야 나를 묻으려 짓누릅니다 허망한 중국음식점에서 시커먼 짜장면을 시킵니다 당신을 원망하려 팥죽을 끓여 대문간에 뿌리는 할미처럼

그해 크리스마스가 지난 후였지요 마냥 좋아 발이 얼어 터지는 줄도 모르고 쫓아다녔지요 할머니의 푹신한 보료가 온 누리에 깔려 가벼운 젊음들은 구르고 또 굴렀습니다 당신은 도시로 떠났고 자주 볼 수 없었고 미워지더니 또 그렇게 치유되며 잘 늙어왔습니다 아직껏 남아 있는 그리움이 오늘 흩날립니다 바다를 지나갑니다 눈발로 내리는 당신과 함께

아버지와의 여행

묵직한 선 그어진 세상의 창 넘어 씨름판에 작은 선수가 큰 선수를 넘어뜨린다 관중석엔 한 농부와 아들이 이 광경을 바라보며 신기한 웃음을 지으며 아버지와 아들은 첫 여행을 하고 있다 측정할 수 없는 거리에서 그렇게 화초로 자랐다 어느 날 유리 상자가 깨어져 사라지고 그 한 조각 깎여버린 밤으로 존재하면서도 자신을 숨기려는 이상한 이중인격자로, 따뜻하면서도 아주 차가운 존재로 아니 세상에 대해 우유부단하면서도 맑은 유리창으로 검은 밖을 향해 아버지를 불러보지만 얇은 투명 벽 하나를 뚫지 못하고 뿌연 서리로 되돌아오고 만다 낮에 그 짧은 여행은 빛으로 빛으로 남아 밤은 늘 태양만 기다린다

부끄러움 한 알 떨어집니다

부끄러움이 죽어갑니다
가을에 무던히 부끄럽습니다
몸을 나누어 사람을 살리는 미물들이
이렇게 많은 줄 알면서 몰랐습니다

변명이 완벽한 증명을 짓밟습니다
한가한 일이 너무 바빴습니다
팽하니 굴밤 한 알 떨어집니다
나도 언젠가 떨어질 것입니다
떨어짐도 태연히 부끄럽습니다
도토리는 에너지를 품고 떨어집니다
사람은 에너지를 쓰며 쓰러집니다
자연이라 혀를 놀려대는 인간은
종신형을 받은 완벽한 도둑놈입니다

긍정에서 부정으로 감수성도 쓰러집니다
공짜는 맛이 있습니다
남의 것은 달콤합니다
가슴에 든 것을 내보이는 수확의 계절에
사과를 먹으며 사과할 줄 모릅니다
이것이 인간입니다
그냥 메말라 갑니다
나도 이르러선 불에 타는 장작일 뿐입니다

우산에 숨겨진 이야기

보고 싶지 않으면서 보고픈, 아픈 심장을 꺼낸다 가슴에 비 내릴 때 지워진 다방을 지나 시장바닥에 촉촉했던 은밀한 웃음이 보고 싶다 눈까풀 덮인 좁은 세상이 좋다 콩닥거리는 가슴을 숨겨서 너무 좋다 흐른 변덕은 답답한 세상이 싫다 등을 기대고 고통 숨겨 눈물 훔쳤던 그가 지지리도 싫다 도둑맞은 감춰버린 속내는 많이도 아팠다 그해 여름날 소낙비 맞으며 오기로 떠나버린 상처는 무섭다 흐르는 구름을 먹을 만큼 먹고도 따뜻한 태양 한 번 못 보고 모퉁이를 살아가야만 하는 누구는 빛의 짧은 고함이 너무나 밉다

가슴으로 찍는 도장

나를 잃어버렸습니다
어떤 것도 나를 증명해주지 않습니다
속이 없습니다
머리도 없어졌습니다
뚜껑만 남았습니다
그렇게 텅 빈 하늘로 살았습니다

껍질에 떠 있는 진짜 별 하나를
가끔 구름으로 발바닥을 봅니다
희미한 오늘은 환한 어제였습니다

한번은 폭음을 핑계 삼아
선명히 찍힌 자국을 툭 던져버렸지요
세상 어딘가
술보다 촉촉한 지우개 하나 있다지요
다시 한 번 심장을 꾹 눌러
붉게 붉게 찍어보고 싶습니다
도장 뚜껑으로 사는 삶은
내 것이 아니었습니다

한 송이 我蘇花*

꽃 한 송이 수채 구덩이에 피었습니다
이슬 눈물 머금고
짙은 화장으로 차갑게 피었습니다
향기마저 구정물이 되었습니다
잃을 것은 다 잃었습니다
나는 꽃을 좋아했지만
누구는 시든 꽃을 싫어했습니다
이유는 묻지도 뭉개지도 않았습니다

꽃 한 송이 제멋대로 지려 합니다
그림자도 없이 가려 합니다
보랏빛 밤들은 검은빛 낮으로 시들어 갑니다
나도 간들간들 숙여져 갑니다
여기 꽃 한 송이 꺾여집니다
이 꽃에게
아소화라 불러 봅니다

* 我蘇花 : 아소화. 나를 회생시키는 꽃으로 지은 이름.

도대체

어설픔 하나 돌아다닌다

어느 시절과 너무 닮아
자꾸 더듬이 음만 내고 있다
만날 사람은 꼭 만난다던데
온통 머리통은 그때로 정지되고 있다
아니지
모든 것에는 끝이 있었지
그냥 싹둑 자른 거야
아니야
잘린 끈은 더 잘 풀리는 거야
부정하면 할수록
풀림은 절대적 타래로 되감기고 있다

알면서
착각으로 알면서
절제를 풀어헤치는 이 감정은
회오리에 말려 빅뱅으로 다시 태어나고 있다
빙빙 물레로 도는 이 우주적 느낌은
아니
이 어색함이 어색함을 자책으로 감는 것은
도대체 무엇이란 말인가

어수선한 아저씨

낙엽이 모였다 달아났다 하더니
억지로 남은 그 몇 잎마저도
비를 핑계로 떨구는 어수선한 아침
절친이 카톡으로 괴성을 질러대고
일 년에 한두 번 연락하던 이성 친구가
어젠 느닷없이 연락을 하더니 오늘 만나잔다
짐작건대 퇴직을 보니 답답했던 거다
나 이미 한참을 비운 쓰레기통
앞선 당황스러움
이렇게 낙엽이 되어 가는 것
딱 부러지지 않고 접혀져만 가는 것
그래도 불러 줄 때가 좋다는 풍문을 따른다
이 어수선함은 어디로 갈까
고요한 흩어짐을 밟으러 갈까
차라리 요란한 어물전으로 갈까
보온병에 넣어진 아내표 약물은 홀로 뜨거웠다 식어가겠지

속내 같은 껍질

나는 철저히 껍질이다
피부로 으스대며 사는 맛은 자만
보이는 모든 것은 겉치레이며
물리적 판단의 빌미일 뿐이다

누구나 어디에든 속내는 있다
하지만
자존은 속내 같은 껍질이다
더러, 깊은 속내로 무장하지만
껍질이 벗겨지면 무너진다

허울은 껍질의 표피일 뿐이다
허물은 껍질의 상처일 뿐이다
번지르르함
때론 주책없게도 우주적 기분이 된다
결국
내가 너에게서도
네가 나에게서
훌훌 떨어져 나가는 것, 탈피다

드러내지 못하는 관념은 속내 깊은 후회다
여기
끝까지 끝이 되어 내피로 붙어 있는
나의 껍질 한 조각 까물거린다

어이 친구

홀로 토요일 오후
틈새마다 틀어 막혀 환하게도 죽은 시간
카톡이 고스톱이나 치자며
산 자가 죽은 자를 깨운다

라면 스프같이 쉬여 짜디짠 놈
그만큼 처먹었으면 토할 줄도 알아야지
곧장 화장실로 직행하는 놈
인스턴트 짜장면같이 얼굴마저 시커먼 놈
나 밑천 다 털려도 투명 눈물 한 방울도 아까워할 놈

그래
그래도 네 놈이 보고 잡다
급랭으로 불붙는 욕심을
미치광이 부지깽이로 마구 파투를 내
투쟁의 생을 자극하는 놈
오늘은 네 똥구녕을 찔러주마
이놈아 기다려라
더 늙기 전에

제6부

음으로의 여행

그 대화

누군가는 가끔
무심한 어항에 미끼를 던집니다
물결은 무언가를 던져야 일어납니다
파동이론이 유혹으로 번져갑니다

수면은 혼란스런 거품을 내뿜습니다
큰바람 떠도는 구름
어쩌다 소낙비라도 만나면
젖어 비틀거리는 것을 인간의 일
던져진 우산이 罪일까요
어쩔 수 없는 낚싯밥을 외면합니다

그러다 덥석 망설임을 베어 묾니다
두 팔로 하늘로 바라보는 것 죄일까요
심장에서 쏟아내는 비가 죄일까요
그가 되묻습니다
찰랑찰랑한 저 경계를 지우면 죄일까요

화면이 바뀌고
끝을 무는 논리 속을 헤엄쳐 가고 있습니다

알면서도 몰랐다

한 번도 웃은 적이 없다
며칠을 앙칼지게도 울었다 고양이는
젊은 상처로 웃음을 잃었을까
그해 엘니뇨 한기도 한없이 울었다
마침내는 목소리조차 틀어막혔다
아직도 누굴 기다리는지
마냥 창문을 내려다볼 뿐
뚝뚝 피어나는 눈망울을 흘리고 있다
누구처럼 지독하게 갇힌
매화 꽃망울만 기억하고 있다
마지막 하나 실낱 온기도
차디차게 굳어가고 있다
스산하게도
웃음도 소리도 잃었을까
그 후 누구도 웃음소리를 듣지 못했다

기타 줄 끊어지고

규칙을 깨뜨리고 싶은 것이 있다
희미해지는 것이 더 그리운 것이기에
선택은 포기였고
결정은 녹아버린 초였다
기타 줄은 띵 단음에 끊겼다

단절은 두절보다 갑절이나 매서웠다
하지만 얼룩을 끊을 수는 없었다
세탁하면 할수록
또렷한 주홍글씨로 떠올랐다
절반의 그리움 속엔
가장 아름다운 식사가 있었고
가장 맛있는 날이 있었다

세포핵들이 짧아지고
티잉
또 다른 기타 줄이 옆에서 늘어지고

나는 안다
완전히 끊을 수 있는 것은 단 한 가지뿐이란 것을

젖은 귀환

그 속에 윤활유병 셋 있었다
어머니가 날 세상에 보낼 때
쥐여 주시던

지난날들이
무색무취의 눈물로 고여 있는 병
현실을 판단하고 방향을 잡는 피톨
뜨겁게 작동하는 GPS라는 병
짠물 밴 세상사로
미래를 담을 빈 병

신이 다 돌볼 수 없어
대신 어머니를 보냈다던 그때
노동은 불문법 같은 조건이었으나
세상은 무노동의 무임승차를 원했다

나 살아온 부스러기를 싣고
여기 느리게 걷는 한 대의 차가 귀환한다
피의 속도가 느려지고
젊었던 땀도 화석처럼 소금이 되어간다
지금 윤활유가 필요하다

다 채우지 못한 병, 땀이 없다
눈물만 남아 먼 하늘을 지킨다

한 곳에서 다른 꿈

겨울 새벽 같은 이른 유월 아침, 꿈을 잃은 현실이 나를 일으킨다 사리암 갑시다 지루한 년후가 흔들린다 너도나도 등산 가는 날 성철스님의 법어만 둥둥 떠다닌다 산은 산이고 물은 물이다 그러나 멀어도 너무 멀다 에라 아무 산이면 어떠랴 오래 먹어 봐야만 아는 건 쓴맛으로 참 일찍도 온다 언제나 차를 돌려놓고 대령해야만 내려오는 저 여유로운 걸음 세월의 두께에 노련한 운전기사가 되었다

차라리 여자였더라면 점점 빨라지는 나이를 추월하는 앞차가 느려보인다 산 속 교통체증, 견딜 수 없는 젊은 시간의 비교급들이 꾸물거린다 여기서부터 걸읍시다 로봇은 계곡을 끼고 하달자의 거대한 명령에 이끌려 빈 머리로 천 알 염주를 붙잡는다 몸은 채워진 숫자만큼이나 잘게 조각나고 현실도 염불도 아닌 듯이

떨어지다

복숭아 하나 떨어졌다 아주 발갛게
도원 탱자나무 울타리를 너머로
행여나 싶어 그 길 되돌아본다
참다 참다 떨어졌겠지만 상처뿐이다
탱자 가시는 얼마나 가시답던가
찔리고 또 찔렸겠지
울타리는 또 얼마나 빈틈없이 빽빽하던가
눈길 피해 굴러 굴러
그 지긋지긋한 경계를 넘었겠지
솜털 피부는 아직도 떨린다 아주 파르르

돌부리에 넘어질 뻔한 적 있었지
누구나 아픈 곳 하나쯤 있겠지
세상은 아물어 다시 열리는 것
누가 이 달짝한 빛을 버렸는가
누가 이 핏덩이 멍을 삭이는가

음으로의 여행

물
찢어진 가랑이로 벌어졌다
동강 한가운데 어라연
물 반 고기 반이다

돈도 싫다 섬 위에 억대 소나무들
짙게 짙게만 보이면 그만이다
보트를 뒤집어 삼킬 음의 한가운데
물회오리는 무섭게도 빨아들인다
노도 필요 없다

강섬 '어라이언'
은빛들이 튀어 오른다
사내들이 튀어 오른다
a lion 암사자 한 마리
음의 유혹은 멈추지 않는다

푸닥거리는 외로움도 잠재우는가
정선아리랑은 길게 이어지는데
어둠을 안고 강원도 땅이 저문다
떠내려가는 동강에 비가 내린다
삼재팔난 파랜진 입술 음 따라 떨린다
무섭다 여자가

가을이 되었나 보다

김밥 한 줄
낙엽으로 말면
산에서 본 바다는
끝없이 고개 숙인 억새로 흔들리고 있다
심장도 따라 철썩거리고 있다

써 붙인 나이도 없건만
여기까지 왔기에
어제 같은 시월에 털썩 주저앉아
한 조각 서늘함을 입에다 넣고 있다

수많은 인간 속에 갇혀버린 침묵
그 많은 벌레들은 밀려나고
억새 바다 위에 드론이란 과학이
가을 독수리로 떠다닌다

나는
나도 모르게 가을이 되었나 보다

의무론 속의 질문

침묵으로 흔들리는 낙엽 위에서
"모두 신발을 벗고 걸으세요"
누군가
빨간 장갑을 끼고 통제를 외쳤다
지난번에도 들었던
절대자의 완장 소리로 들렸다
사람들은 그에게 판단이 홀린 듯
스스로 권리를 포기해 버리는
거대한 바람 구호에
소리 없는 몇몇 소리가 입속에서만 들렸다
"위험할 수도 있으므로 신발을 신어야 합니다"
"요금을 내었으니 길을 벗어나기까진 우리가 빌린 것입니다"
두어 번 외쳤으나 나는 철저히 짓밟힌 낙엽이었다
키케로의 의무론이 죽고
죽어가는 나를 또 한 번 죽였다

당신과 함께 춤을

차창을 엽니다 냉랭한 기온이 변심한 어제로 들어옵니다 직감은 문득 옷을 껴안아야겠다는 인사로 반깁니다

가을은 단풍을 몰고 그 속으로 들어갑니다 반가운 얼굴들이 주고받는 가을은 장터가 되었습니다 어느 바람난 여인이 아이가 보고 싶어 되돌아온 것처럼, 님은 언제나 이렇게 왔고 올해도 한 마디 기별 없이 왔습니다 서글픈 반가움으로 왔습니다 사는 것과 산다는 것은 다른가 봅니다 그냥 뼈가 으스러지는 노동이 목숨을 연명하는 것과 마냥 아담한 꿈이 손톱만큼이나 여유가 있는 것이 다르겠지요 살짝 들여다보면 영양분을 끊어 단풍을 피운다지요 내게도 무거운 가을이 온답니다

오늘 바다 위에 여인의 앞가슴으로 드러낸 두 섬, 감출 듯 끊어질 듯 살짝 연결하는 브래지어 끈의 출렁다리 그 위를 거니는 난, 출렁거리는 것이 아니라 여인의 향기로 울렁거리고 있었습니다 이럴 땐 소주가 약이지요 약발도 잘 받지요 취해 갑니다 하루가 취해 갑니다 마침내는 버스도 취합니다 당신과 함께 춤을, 이 파도 율동에 휩싸인 연대도 만지도 하루에 위험한 24시가 보입니다 시계도 취했나요

외침

— 세월호 침몰을 보며

충격이란 말이 이토록 실감 날 줄 몰랐습니다
충격이 충동을 부를 줄은 더욱 몰랐습니다
이렇게 나이가 무겁도록
죽어 없어져야겠다고 생각해 본 적이 없었습니다
가라앉는 절규를 우리는 눈 뜨고 보았습니다
멍한 두 귀로 생생히 보았습니다
아무것도 할 수 없음에 기가 막혔습니다

생사의 울부짖음이 파도를 뚫고 있으나
숨 막혀 오는 끝의 울음 고통이
땅 위에 서 있는 우리는 땅밑으로 꺼지고 싶습니다
무력함 무력함에
세월은 비틀거리기만 했고
기회주의자들은 윙윙 똥파리로 날았습니다

들리는가 정치꾼 입들아
들었는가 쓰러지는 이 외침을
푸른 봄들이 식어가는 신음을
쓰러지는 젊디젊은 색채를
굳어져 가는 뜨거운 피를

기적 하나 붙잡고 태양으로 살았기에
기적 하나 붙잡고 돌아올 줄 알았는데
좁디좁은 공간에서
망울꽃 못다꽃으로 지고 말았습니다
맹골수도 약속한 바다는
끝내 소원 하나를 받아주지 않습니다
그러나 그러나 무지막지하게 기도합니다
아득히 갇혀버린 푸른 봄들을 위해
눈물로 눈물을 달래는 가족을 위해
하염없이 두 손을 모읍니다
물 없는 하늘에서
더 큰 날갯짓하기를

박진한 리리시즘 시와 러시아 형식주의 시 기법

— 제1시집 『다빈치 구두를 신다』 평설

石蘭史 이 수 화

(한국문인협회 · 국제펜클럽 원임부이사장, 한국문학비평가협회 회장)

박진한 시인의 시는 크게 양분해 리리시즘 시와 러시아 형식주의(Russian Formalism-이후 약어 'Rf.'로 표기) 시 미학을 구현하고 있다.

리리시즘의 개념은 여러 말 할 것 없이 서정적 태도(敍情的態度)이고 Rf.는 또한 췌사가 불필요한 러시아 형식주의 시, 즉 '낯설게하기' 포에티즘(Poetism)이다. "Good Morning!"을 자동적으로 "안녕하십니까!" 하는 것보다 "좋은 아침입니다!" 하면 훨씬 은유적 표현이 된다. 근사한 포에티즘(Poetism) 소산인 바, Rf.(형식주의)로는 "안녕하십니까!"보다 훨씬 낯선 언어인 "좋은 아침!"이 되는 것이다. 이렇게 낯설게하는 것을 형식주의에서 현양(顯樣, Foregrounding)이라 한다. 이 러시아 형식주의 '낯설게하기 포에티시즘'은 언어[詩]가 지성적이게 하는, 즉 표준어를 엄격하게 사용하되 그

것이 자동화(사어화(死語化))되는 것을 막는 구실을 하게 되는 것이다. 그래서 Rf.의 현양은 낯선 신선한 언어 기능을 가져온다. 가령 우리의 Rf. 시인 박진한의 경우, 「거미는 사기꾼입니다」에서

거미는 곤충이 아닙니다/ 사기꾼입니다/ 변태도 없이/ 걸려들기만을 기다립니다/ 허물이 없는 것은 곤충이 아닙니다/ 허물 한 점 없는 것은 사람도 아닙니다// 이상한 세상엔 속임수만 기다립니다/ 기다린다는 것은 사기술의 대표 언어입니다/ 오면 좋고/ 오지 않아도 변명할 수 있습니다/ 불행하게도 술수의 매개물이 옵니다/ 유혹으로 오는 비가 있습니다/ 제비가 낮게 날아다닙니다/ 곤충을 낚아채려고/ 인간을 잡아먹으려고// 제비는 거미를 잡지 않습니다/ 걸려들면 뼈만 남는다는 것을 잘 압니다/ 긴가민가 묘심으로 흔드는 고양이보다/ 제비가 무섭습니다 몸과 錢을 쪼아대기에/ 요즈음 길목과 문지방 아래로 들락거리는/ 정치거미는 더욱 무섭습니다 뼈만 추리기에// 세상엔 온통 줄과 줄뿐입니다/ 누구는/ 이 무게 잃은 외줄조차 없습니다/ 마구 떨립니다/ 떨리다 걸려들까 봐 진동으로 떨립니다

—「거미는 사기꾼입니다」 전문

라고 묘사돼 있으나, 실제 독거미라도 사람을 죽일 만큼 그 맹독량이 가능치는 않다. 그럼에도 박진한 예시가 우리 인간에게 공포를 주는 것은 박진한 시인의 포에티즘 전략상 그 Rf. 현양화(顯様化)가 텍스트 프레임 안에서 충분히 실현된 결과이다. 다시 말해 시인이 거미의 곤충성(생물학)이라는 자동화(인간에게 그다지 위험한 해충이 아니라는 일반화 경향)를 그 메타 텍스트에서부터 '거미는 사기꾼입니다' 라고 현양

(낯설게)하여 은유적으로 표상해 제시함으로써 우리는 시인의 시적 화자가 제시하고 있는 텍스트의 메타포어 제2스탠자, 제3스탠자 후말련의 정치거미를 인간 행위 주체로 받아들여 공포를 느끼게 된다. 특히 거미줄의 강하기가 강철의 강도(强度)보다 훨씬 강력하다는 사실(Fact)이 아니더라도 시 후말련 첫 행에 제시된 온통 줄과 줄뿐인 세상이라는 인간세상의 은유 이미지는 시인의 러시아 형식주의(Rf.) 현양 포에티즘 시정신이 직핍하게 구현되고 있음이다. 저 "세상엔 온통 줄과 줄뿐"이라는 시인의 은유적 이미지즘은 이 시가 충분히 이 세상 현실의 사기상(줄)이 얼마나 거미줄처럼 얽혀 있는가를 적나라하게 현양하는 역설의 미학인가 실감시켜 주고 있는 것일 터이다. 이처럼 박진한 낯설게하기 텍스트의 미학에는 우리의 일상적 마비 현상의 의식 개혁에 일침을 가하는 시적 정신력이 충분히 내함돼 있음을 우리는 실감하게 된다.

이쪽이 있기에 저쪽이 있다// 生/ 시작은 분명 있다/ 모두가 지나왔고 또 지나가지만/ 아무도 보지 못했다/ 누구도 만나지 못했다/ 출발은 신령들이 믿는 神이다// 死/ 누가 끝을 아는가 경험했는가/ 끝이 시작이다/ 무분별의 종교는 왜 군림할까/ 개도 두려움을 알고 소도 도살장을 안다/ 거짓말도 에너지는 분명 있다/ 끝은 찰나 위에 영원히 잠든 낮잠이다// 오늘 큰 사고가 날 뻔했다/ 시작과 끝이 있었으나 없다/ 둘은 결국 하나다

—「시작과 끝」 전문

이 시는 매우 낯설다. 아무리 형이상학 생(生)과 사(死)를 노래하고 있지만, 그리고 철학적이지만 이른바 생중사(生中死)라는 우리 삶이란 죽음을 끌어안고 사는 것이라는 철학(종교)

만치나 어렵다. 낯설기 때문이다. 예시의 메시지는 시인이 시적 화자를 통해 낯설게하기, 즉 메시지의 내용을 현양화(顯様化, 낯설게)하고 있기 때문이다.

어떻게 말인가.

단일행(單一行), 단독연(單獨研)으로 된 첫 행, 첫 연에서 생(生)과 사(死)의 경계를 요단강의 이쪽과 저쪽—이승과 저승을 이쪽과 저쪽으로 분할해 놓고 있다. 인간 오성(悟性)의 소산이다. 칸트가 이 인간 오성(이해력)을 이성(理性)보다 우위에 둘 정도로 인간 정신 능력의 고급 심리다. 따라서 생(生)과 사(死)의 공간 설정(이쪽, 저쪽이라는 방위(方位) 설정)은 자동화(Automatization)돼 있다. 우리의 이 일반적 견해의 현양화(顯様化)가 필요한 시인의 언어 대상이다.

그 다음 이 시는 생(生)의 출발은 인간이 모두가 경험한 일이지만 아무도 그 본원으로서의 출발을 알 수 없다면서 신(神)의 영역임을 암시한다. 왜 암시냐? 신령들(인간이 아닌)이 믿는 신(神)의 영역이기 때문이다(제2스탠자).

그 다음 제3스탠자에서는, 사(死)의 문제를 생(生)의 끝으로 보는 거짓말을 비판, 찰나적인 에너지 소산임을 말하고 있는데 이것은 개나 소도 알고 있는 사실인데도 종교가 분별을 못하고 인간 위에 군림하는가 회의하고 있다.

그리고 결말 연(聯)에서는 시적 화자에게 큰 사고가 날 뻔했으나 결국 오늘이라는 '시작과 끝'이 큰 사고가 없었기 때문에 결과적으로 아무것도, 아무 일도 없다. 불일이불이(不一而不二), 하나는 둘이 아닌 하나라는 것이다. 생(生)과 사(死)가 바로 이 불일이불이(不一而不二) 사상에 근거함을 시인은 저와 같이 현양화(낯설게하기) 기법에 실어 노래하고 있겠다. 우리의 굳어진 생사관을 낯설게하기로 갱신하는 시법(포에티즘) 소산이다.

생(生)과 사(死)가 둘이 아닌 하나다. 생중사(生中死), 죽음을 안고 사는 불일이불이(不一而不二) 사상(思想)을 왜 저렇게 낯설게 노래하고 있을까? 거듭 말해 박진한 러시아 형식주의 현양이 박진한 시법(Poetism)이기 때문이다.

러시아 형식주의(낯설게하기 현양주의)를 1925년 경 모스크바와 페트로그라드를 중심으로 전개했던 슈클로프스키(Shklovsky) 일파의 이 형식주의의 대표적 이론인 '낯설게하기(Defamiliarization)' 예술 원칙은 오래 가지 못하고 프라그 학파의 효장격인 무카로브스키(J. Mukarovsky) 등을 거쳐 소쉬르, 훗설, 잉가르덴, 카시러 등의 영향을 받았다. 시학(詩學, 문학)이 언어학의 한 갈래가 아닌 기호학의 중심적인 부분으로 인식된 프라그 학파의 구조주의 문학의 정립이었다. 형식주의자들의 '낯설게하기'가 자동화(습관화)를 벗어나는 현양의 기법에 이른 것이다. 독자의 주의를 끌기 위해선 주요섭의 「사랑방 손님과 어머니」처럼 습관화(자동화)되어 오는 어른들만의 숨겨진 사랑하는 사람들(어머니와 하숙 손님) 사이에 어린 딸을 개입시키는(현양하는, 낯설게하는) 파격적 방법을 창안해 내고 있는 것이다.

박진한 형식주의 기법(현양화 기법)도 저러한 기존 소설의 도식화 인물 설정을 파괴한 것(어린 딸의 새로운 등장)처럼 시 텍스트를 독자의 주의를 끌기 위해 현양된 표현 방법으로 창작해 내는 것이다. 이런 방법에는 예컨대 이상의 「꽃나무」가 띄어쓰기를 거의 무시한 결코 일상적이지 않은 자의식(自意識)의 기술(記述)을 현양(낯설게하기)하고 있다는 사실을 들 수 있듯, 박진한 현양시의 예시는 앞서 거론한 2개 작품에 약여한 바 있는 것이다. 이지고잉에 빠진 독자의 지각(知覺) 변동을 가져와 삶의 질을 향상시킬 의식과 행동 방향의 갱신에 기여할 수 있는 박진한 현양시의 포에티즘(Poetism)일 터이다. 이와 같은 박진한 현양시는 단지 폐쇄적인 형식주의에만 머물지 않고 있음을 본다. 자동화(이지고잉에 빠진)와 현양(낯설게하기)은 고정 불변한 것이 아니라 시대나 상황에 따라 항상 달라질 수 있다.

박진한 리리시즘(서정적 태도) 시에서 그것을 확인하자. 가령,

> 하얀 꽃잎 하나 떨어졌다/ 지조 없는 여인의 하의처럼/ 아니 누군가 칼 같은 손이 도려낸 살점처럼/ 집착스럽게/ 천길만길// 비가 온다/ 큰 길 모퉁이에 나를 버리고 싶다/ 피 토하는 동박새 기다리는/ 동백꽃이 부럽다// 버림과 바람은 한 몸으로 무너진다/ 혼처럼 뒤집은 우산 속에 숨겨놓고/ 아무도 모르게 심장도 지워놓고
>
> —「호접란 꽃잎 떨어지다」 전문

예시의 리리시즘(敍情的 態度)은 그 자체가 이 시 속에서 이미 현양되어 있다. 호접란 하나 떨어짐에 시적 화자는 자기 동일화로서 우주적 소외감에 몰입해 있기 때문이다. 예시와 같이 소외(우주적) 정서 감각은 "지조 없는 여인의 하의처럼" 호접란 꽃잎은 창녀화(娼女花)로 버림받고(첫 스탠자) 3행~4행처럼 참혹하게 전락하고 있다. 그리고 둘째, 셋째 연에 시적 화자의 하이데커적(的) 다자인(존재자(存在者))은 외로운 죽음을 꿈꾸고 있다. 호접란 꽃잎과도 같은 처연한 미학을 거두고 있는 예시는 완벽한 텍스트성에 이르고 있는 바, 거기에는 박진한 리리시즘이 꽃다운 미학의 현양시를 창출해내는 이른바 엘리엇의 감성과 사고(思考)의 통합된 감수성 기법이 내연하고 있음의 결과일 터이다. 1연 2행, 3연 2행의 탁월성의 직유는 그 유의군(喩義群)의 뛰어난 레토릭(Rhetoric) 솜씨가 바로 낯설게하기 기법이다. 이 한 편만으로도 이 시집과 리리시

즘 현양시의 대표적 반열에 우뚝 선 박진한 시인을 나는 오랫동안 잊지 못할 것이다.

그런데 내가 저 앞에도 지적했듯이 현양시 낯설게하기 기법은 고정불변한 것이 아닌 것으로 다음 박진한의 시(시집 메타텍스트의 시와 「低面圖」 연작시 3편)에서 우리는 형식주의 전형성에도 이상(李箱)의 포말리즘 이후 새삼 반가운 해후를 맞게 된다. 먼저 이 박진한 제1시집 『다빈치 구두를 신다』의 메타 텍스트 시를 보자.

> 세상엔 나름으로 풀어진 다빈치로 넘치고 있다/ 수많은 욕구가 내밀한 산을 쌓고/ 커피, 안경, 가수... 까지 등장했다/ 현존작가 예술품 중 가장 비싸다는 제프쿤스는/ 명성을 위해 엑스 남편들로 이름이 긴 창녀와 결혼했다/ 영원히 값나가는 다빈치를 사랑했다/ 아니, 풀 수 없는 코드에 미쳐 있었다
>
> —「다빈치 구두를 신다」 일부

후기 산업사회(포스트모더니즘) 징후가 클로즈업되고 있다. 시 후말 연에도 보이듯 다빈치 구두를 신는다는 것은 시적 화자가 이란성 쌍둥이를 낳는 남자지만 후기 산업사회의 왕이 아닌 짝짝이 구두를 신은, 속이 훤히 드러나 보이는 투명 베일의 의상을 걸치고도 나는 왕이다 으스대는 현대인의 후안무치한 자본주의 사회 꼭두각시가 되고 있음을 고발해 놓고 있다. 직접 화법이 아닌 메타포어의 낯설게하기 기법이므로 독자는 적잖이 난해성에 봉착했으리라. 다음 「低面圖 1-소주병」을 보자.

술이
왜 사람을 흔들까 첫사랑 같은
설렘이 있기 때문이다. 나름의 법칙은
거지의 질서와 같다 절대로 똑바로 볼 수 없다는
것이다 우러러 허공에다 멍하니 초점을 맞춘다. 그리곤
재빨리 저 아래 직립으로 내려다본다 값어치가 얼마인지 속내
를 저울질 한다 행동은 예술가로 보통은 보통만 바라볼 뿐이다
그럼에도 나는 몇 잔 소주를 마신다. 짜릿하다. 쑤셔오
는 투명이 불투명 할 때 자국을 찌른다. 질린 세포
들에게 혼돈이 고함으로 C_2H_5OH 마구 찔려본다 똑바로 똑
바로 텅 빈 길에다 입 대포를 쏜다 마침내는 열차 소리
번잡한 밑바닥 소주병으로 남는다. 모두가 돈다 둥글다 지구가 둥
글고 세상이 둥글고 그녀의 얼굴이 둥글다 못해 동그랗다, 그래
둥근 것은 끝이 없다. 미친 것은 주저함이 없다 그냥 헤매
는 것이다 허우적거림은 경계를 넘은 물이다 물에 물은
물일 뿐이고 술에 물은 그래도 술이다, 결국
허세만 꽉 찬 빈 병으로 섰다 누군가
잡아주겠지 아니 뉘어주겠지
이 착각

—「低面圖 1-소주병」 전문

예시(例詩)는 산문시(A poem in prose)이다. 산문시는 산문(소설, 수필, 서간, 논문)에 포에지(시정신(詩精神))가 합쳐진 산물이다. 이상(李箱)의 「꽃나무」가 산문시의 전형이다. 띄어쓰기를 거의 무시한 줄글의 시가 산문시 「꽃나무」라면 여기 박진한의 시 「低面圖 1」은 소주병 형태로 산문시를 변형해 표현해 놓고 있다. 러시아 형식주의 시 형태(도안, 도표, 문자의 배열 도치 등등)인 것이다. 뿐만 아니라 시인은 Rf. 시인답게 술을 좋아하는 시적 화자가 술에 취한 상태(정신적 · 육체적 균형 감각이 흔들리는 정도)를 낯설게하고(정상적 산문시 형태를 파괴한) 있다. 다음 시들 「低面圖 2-주검이 바라다 본 별천지」와 「低面圖 3-이제 얼마 남았니?」은 시에 그림을 곁들이되 시도 그림의 일부로 첨가하듯 하여 낯설게 내용을 표현, 표상하고 있는 것이다. 이렇게 러시아 형식주의 시 가치에서

도 그 효장들인 슈클로프스키(Shklovsky)나 무카로브스키(J. Mukarovsky)도 Rf.시는 알쏭달쏭한 애매모호성을 극구 배격함에도 불구하고 예시들 정도 그런 요소를 용납하고 있는 점도 시인의 낯설게하기 현양의식의 숙명성 소산이라 판단된다. 「低面圖 1」이 시적 화자의 술 취한 자의 무가치한 영육(靈肉) 무절제(낭비)를 희화적(戱畵的)으로 현양하고 있다면 「低面圖 2」는 "주검이 바라다 본 별천지"가 "이도 저도 어지러운 세상/ 서 있는 인간아/ 누워만 있는 천당의/ 황당한 지겨움을 아는가" 질문하고 있다. 가뜩이나 주검이 바라다 보는 세상과 천당의 낯선 풍경을 시인은 더욱 낯설게하기 위해 Rf.시 현양을 매우 희화적(戱畵的)으로 발상, 표상하고 있는 것이다. 「低面圖 3」은 시적 화자가 천국의 계단을 오르고 있는 그림에 그 천국에 얼마나 시간이 걸려야 오를까, 또는 시적 화자의 생명 현실이 얼마나 남았느냐고 하늘의 은총을 암시하는 듯도 하지만 시가 암시하고 있는(英文學) 표현의 난해성으로 평설자도 두 손을 들 수밖에 없으나 박진한 시인의 낯설게하기 Rf.시 현양 의지는 충분히 달성되고 있다 하겠다. 다음은 「低面圖 2」와 「低面圖 3」 낯설게하기 시다.

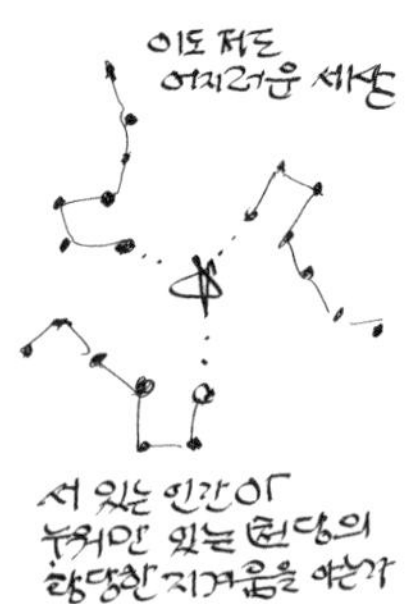

—「低面圖 2-주검이 바라다 본 별천지」 전문

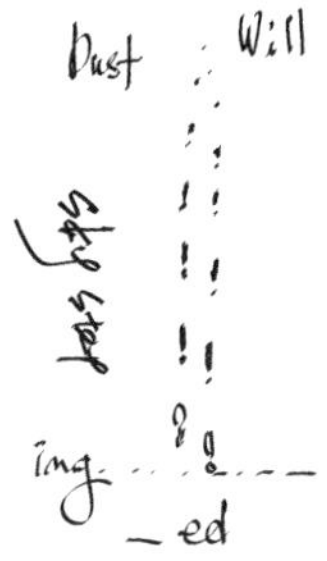

—「低面圖 3-이제 얼마 남았니?」 전문

이상 술회한 바와 같이 박진한 Rf.시의 현양화 기법은 현단계 한국 현대시의 무력감을 해소할—복고풍의 한가로움을 비켜갈 정도가 아닌 시인의 열정에 찬 오소독스의 길이 아닌가 상찬하는 바이다. 다음으로는 박진한 시의 만만찮은(역작이 많은) 리리시즘 시편들에 관심을 집중하도록 하겠다. 논리 전개에 긴요한 텍스트만을 취택한 것이다. 저 앞에 이미 말한 바 있어 박진한 산문시를 살펴 논급키로 한다.

불국사 북쪽 담벼락 밑에 민들레 한 송이 피었습니다 문득 선덕여왕이 보고 싶습니다 전화를 두드립니다 큐, 큐– 피고 죽고 죽고 피어 천오백 넘게 꼬인 민들레 뿌리, 저 너머 신라의 땅에 닿았습니다 천 년의 소리를 듣습니다 그 길을 걷습니다 탱화 앞에 서면 따뜻한 파장이 나를 엎드리게 합니다 나는 어디서 왔을까요 왜 여기 있을까요 어디로 가는 것일까요 뿌우연 흙바위산 지나면 안경 속 세상이 기다릴 텐데 그대 혹시 누군가 미워 남자로 태어난다면 주제넘게도 난 그 남자를 유혹하는 여자가 되고 싶네요

—「선덕여왕과 통화」 전문

이 시는 산문시 자질로는 줄글 형태다. 그리고 사람(독자)의 심리와 정서를 파동케 하는 리듬(내재율)이 글을 이끌어 가고 있다. 줄글[散文]이란 것은 이 시 형태로 금방 납득이 가는 것이고, 내재율 문제는 이 시를 읽는 이가 심리적으로 정서적으로 리듬감(韻律感)에 젖느냐 아니냐로 판가름되기도 하지만 글[詩]의 표현상의 구분에서 율격 여부를 따져 확인될 터이다. 그 두드러진 요소가 문장의 경어체 어미 처리(피었습니다, 보고 싶습니다, 두드립니다 등등)이다. 그리고 "큐, 큐- 피고 죽고 죽고 피어"와 같은 기교적 표현술, 즉 시인의 문체적 특질에서도 드러나고 있다. 이 박진한 산문시의 성공 요인은 이처럼 내재율의 특질과 내용의 놀라운 상상력의 구사로써 확보되고 있다 하겠다. 시적 화자가 감히(?) 선덕여왕이 남자로 태어나면 그를 유혹하는 여자가 되고 싶다는 상상력이다. 말하자면 선덕여왕이라는 우상(TV와 같은 대중물의 영향)을 파괴하는(낯설게하는) 시인의 전략(Rf.시 쓰기)이 여기서부터 싹트고 있음이겠다. 다른 박진한 리리시즘 산문시 군(郡)도 텍스트마다 완성도에 이른 작품들임을 첨가하면서 다음 두 작품을 들어 박진한 리리시즘 시의 완성도 또한 확인코자 한다. 행두 넘버는 평설자 몫이다.

①

쥐 죽는 것을 보았는가/ 끈끈이 덫에서 허우적대며/ 찍찍 뱉어내는 변음의 시간/ 새끼들의 혼돈이 길을 잃는다// 사람 하나 사물로 누웠다/ 차라리 차라리 발버둥도 버렸다/ 아니, 잘린 고음이라도 토하련만/ 동사가 이미 묶여버렸다/ 마지막조차 가둬버린 사각 링/ 이젠 더 이상 둥근 땅은 없다/ 사방엔 공포스런 쥐소리뿐// 어미 아비는 쥐도 새도 모르게 쥐가 되고/ 자식에게 되풀이되는 감금/ 우리, 인간은 확실한가/ 그 어디에도 없다는 곳은/ 이토록 처절한 끝을 넘어야만 있는가

②

빗속에 가을 사정없이 들이붓고// 아버지의 기일/ 아들은 유리창 너머 아버지를 부른다/ 삶이 무거웠던 아버지는 갸우뚱 웃음만 보낸다// 아들의 아들의 어머니는 아들을 부른다/ 모두가 짜 놓은 한 판이다/ 아들은 얇은 머플러를 신부님처럼 걸치고 앉았다/ 그 아들이 다시 아버지를 부른다/ 아버지는 넥타이 너머 계면쩍은 나이를 숨기고 계신다/ 머플러로 넥타이로 한평생 옥죄며 산 세상/ 긴 시간을 압축한 순간이 흐르다 잘리고// 가을이 왔는데도/ 아주 가지 못하고 뒤돌아보는 늦여름처럼/ 우리들의 아버지는 차마 발걸음 떼지 못한다

예시(例詩) ①과 ②는 「끝을 넘어」와 「사진 두 장」 각각의 전문(全文)이다. 아버지를 중심 소재로 하고 있는 그 윤리주의 테마의 시들이므로 나란히 병치 예시(例詩)해 논급하는 것이다.

①은 요즘 '문제'가 되고 있는 일부 요양병원의 그 문제를 시적으로 고발하고 있다. 일부 요양병원에 입원하는 노인들은 그 자식들에게 입원비를 긁어내는 비정성을 발휘하므로 환자들은 멀쩡한데도 입원비를 착취당하는 '쥐'(자식들이 혐오하는) 신세로 전락해 있다는 것이다. 시 1스탠자에서처럼 환자나 자식들이나 끈끈이 덫에 걸린 변음의 찍찍대는 쥐들인 것이다. 시는 제2연에서 그 요양병원을 지구 전체로, 그리고 마지막 인간의 죽음조차 가둬버린 게 사각의 링 요양병원임을 고발하고 있다. 이 부모가 쥐도 새도 모르게 공포의 쥐가 되고 있다는 사실(Fact)—박진한 시인은 우리 인간의 성선설을 확신한 건지, 누구나 다 맞이하는 죽음의 이 처절한 끝이 도저히 믿어지지 않고 있다. 그리고 예시 ②는 아버지 상실 시대의 비애(悲哀)를 "아주 가지 못하고 뒤돌아보는 늦여름처럼" 애잔한 아버지 상(像)을 탁월성의 은유시법에 실어 형상화하고 있

다. “넥타이로 한평생 옥죄며 산” 샐러리맨 아버지 상의 메타포어는 시인의 수사력(修辭力, Rhetoric)의 문학성이 얼마나 도저한지를 유감없이 노정하고 있다 하겠다. 이 두 시에 보이는 박진한 시의 문체 기법은 그의 Rf.시 전반에 관통하는 저력을 반증하는, 말하자면 박진한 시 문학의 본질적 고성능이라 결론지을 수 있을 터이다. 저 앞에 살펴본 그의 대표적 텍스트군(郡)이 그 보증수표인 셈이다.

이제 박진한 시의 예술성(미학)이 가장 빛나고 있는 텍스트 한 편에 집중함으로써 척박하게나마 평설의 피날레를 삼고자 한다.

계약된 바람에도/ 한 톨의 情이 있다/ 종이보다/ 가볍게 날아다닌 生에도/ 후회가 있다/ 본디/ 돈 든 바람엔 짐작할 수 없는 냉기만 흐르고/ 한 푼 날갯바람엔 한 무리 온기가 흐른다/ 저 에어컨보다 이 선풍기가 좋다/ 오늘 텁텁한 날엔/ 살살 날개에 얼굴을 문지르고 싶다/ 간들바람에다 물을 부어/ 심한 몸부림으로 낯짝을 얻어맞고 싶다

—「저 에어컨보다 이 선풍기」 전문

이 시에는 시적 화자의 모종의 결락(缺落)이 있다. 얼굴을 대기만 해도 살점이 베어나갈 날카로운 선풍기 날개에 얼굴을 문지르고 싶은 결락된 마음의 욕망이 잠재돼 있다. 그래서 물을 부으면 심하게 몸부림치듯 급회전하는 선풍기 날개에 낯짝을 얻어맞고 싶다는 심한 자기 비하에 빠지기도 한다. 화자의 이토록 심화된 부끄러움은 어디서 오는 것일까. ‘낯짝’이 혐오의 대상이고 보니 ‘낯짝’이란 낯이고 인간의 얼굴(안면)이니 시인이 ‘낯설게하기’ 현양시(顯樣詩)를 써야 하는 숙명성

은 여기서도 약여해진다. 결국 박진한 시인은 시집 수부(首部, 첫 페이지)에 현양시를 내놓고, 여기 결부(結部) 삼아 그 현양시 쓰기의 시 정신의 단초를 열어보이고 있음으로써 박진한 제1시집 『다빈치 구두를 신다』의 Rf. 현양시군(郡)과 리리시즘은 면밀한 수미쌍수(首尾雙修)로 융합된 시정신과 텍스트 창출의 은혜로운 모태가 되고 있다 하겠다.

박진한 제1시집의 러시아 형식주의 텍스트 창출과 그 포에지의 기반이 된 리리시즘 정신은 한국 현대시 지평을 새롭게 열어가는 복고창신의 길을 활짝 여는 역동적 계기임을 다시 거듭 박진한 시인의 역작 첫 시집 출간에 뜨거운 박수와 더불어 경하해마지 않는 바이다.

문학세계대표작가선 773

다빈치 구두를 신다

박진한 시집

인쇄 1판 1쇄 2016년 4월 29일
발행 1판 1쇄 2016년 5월 6일

지 은 이 : 박진한
펴 낸 이 : 김천우
펴 낸 곳 : 도서출판 천우
등 록 : 1992. 2. 15. 제1-1307호
주 소 : 서울시 성동구 무학봉28길 6 금융빌딩 2F
전 화 : 02)2298-7661
팩 스 : 02)2298-7665
http://www.moonhaknet.com
E-mail : chunwo@hanmail.net

값 10,000원

ISBN 978-89-7954-631-6

이 도서의 국립중앙도서관 출판예정도서목록(CIP)은 서지정보유통지원시스템 홈페이지(http://seoji.nl.go.kr)와 국가자료공동목록시스템(http://www.nl.go.kr/kolisnet)에서 이용하실 수 있습니다. (CIP제어번호: CIP2016010678)